EINFACH

Handlesen

SASHA FENTON

EINFACH
Handlesen

tosa

Originally published in 2005 under the title
SIMPLY PALMISTRY by
Sterling Publishing Co., Inc., 387 Park Avenue South, New York, NY 10016

Übersetzung aus dem Amerikanischen: Die Textwerkstatt
Covergestaltung: Joseph Koó
Coverbilder: Mauritius, iStockphoto, aus dem Buch
Druck: Tlačiarne BB s.r.o., Slovakia

www.tosa-verlag.com

Inhalt

Einleitung

Handlesen ist einfach. In diesem Buch zeige ich Ihnen, wie leicht es ist, nur zum Spaß und zum Vergnügen aus der Hand zu lesen. Ich zeige Ihnen auch, wie Sie jemanden taxieren können, ohne dass es derjenige merkt. Ich beginne dieses Buch mit einer Szene, in der eine Frau und danach ein Mann ausgehen, jemanden attraktiv finden und ein bisschen mehr über die andere Person wissen wollen. Ich zeige, wie Sie das erfahren können, nur indem Sie hauptsächlich auf die Hände schauen. Nehmen Sie dieses Buch und üben Sie bei Ihren Freunden, um zu sehen, wie nahe Sie ihren Charakteren, Eigentümlichkeiten und Zielen kommen. Ein wenig Wissen über Handlesekunst kann Ihnen eine Menge Spaß machen und es wird Ihnen nie an Bewunderung fehlen.

Anschließend erkläre ich die Grundlagen des Handlesens, also Linien, Berge, Finger, Daumen und alle anderen Komponenten, die damit in Zusammenhang stehen. Ich zeige Ihnen, wie Sie den Charakter und das bevorstehende Schicksal einer Person beurteilen können. Ich neige dazu, „der Betreffende" und „die Person" im Buch zu verwenden, aber nur, weil es leichter zu lesen ist. Natürlich bezieht sich alles in meinem Buch auf beide Geschlechter und jeden Persönlichkeitstyp. Am Ende des Buches komme ich wieder auf die Ausgangssituation zurück, in der man eine neue Bekanntschaft überprüft und entscheidet, ob man mit dem anderen Menschen harmonieren könnte.

Das Buch wird Sie nicht über Nacht zu einem perfekten Handleser machen. Es braucht Jahre an Übung und eine Menge an Wissen, aber wenn es Sie dazu ermutigt, sich weiter in das Thema des Handlesens zu vertiefen, können Sie sich später immer noch mit den schwierigeren Details befassen.

Jetzt aber nehmen Sie erst einmal den leichten Weg, um Ihr Wissen und Ihre gesellschaftlichen Fähigkeiten mit diesem Buch aufzubauen.

Viel Glück!

1

SCHAUEN SIE IHM AUF DIE FINGER!

Sie und Ihre Freundinnen gehen aus und Sie entdecken einen interessanten Mann – aber wie können Sie herausfinden, ob er ein potenzieller Liebhaber oder ein Verlierer ist? Nun, es gibt eine Möglichkeit, wie Sie ihn kurz in Augenschein nehmen können, ohne dass er es bemerkt. Sie können seine Hände schon aus einiger Entfernung überprüfen. Nun wollen wir aber nicht alle dasselbe von Männern, sodass das, was Sie sehen, Ihnen gefallen mag, Ihren Freundinnen aber nicht – und das, was Sie sehen, kann Ihnen das Gefühl geben, dass dieser Mann das Potenzial hat, der Richtige zu sein, oder eben nur der Richtige für den Augenblick ...

HANDFORMATE

Betrachten Sie zunächst die Größe seiner Hände im Verhältnis zu seiner Körpergröße. Passen die Hände gut zu ihm? Sind sie zu groß oder zu klein in Verhältnis zu seinem Körper? Gibt es eine Diskrepanz, bedeutet das ein Ungleichgewicht in seiner Natur, denn die Hände sollten zum Rest seines Körpers passen.

Seine Hände sind klein

Ein Mann mit kleinen Händen ist fleißig und arbeitet schwer. Er kann gut darin sein, Dinge zu verkaufen oder zu vermarkten, oder er ist nur ein geschickter Geldverdiener. Sehen seine Hände eher hart und fest aus, kann er auf einen Blick bilanzieren und sein Geschäft abschließen. Sind sie weich, betrifft seine Begabung eher Verkauf, Marketing und Überredungskunst. Dieser Mann geht gerne eine Beziehung ein, denn er hat sich selbst dazu entschlossen, für seinen Lebensunterhalt zu sorgen. Ob er auch an einer längerfristigen Beziehung interessiert ist, bleibt abzuwarten.

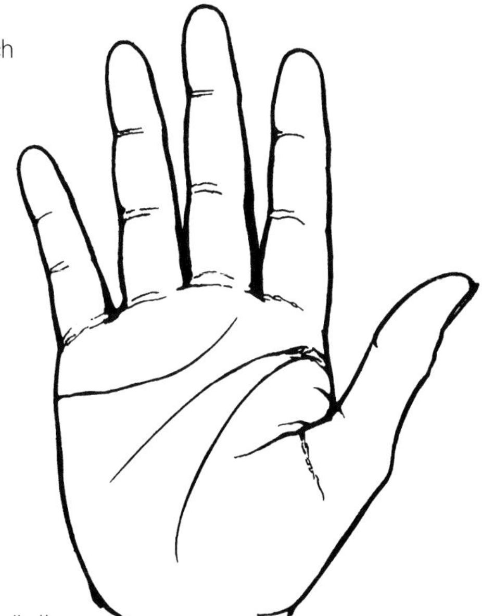

Runde Hände

Versuchen Sie zu erkennen, ob die Hände rund sind, denn das deutet auf Geselligkeit und den Wunsch nach einem abwechslungsreichen Leben hin. Dieser Mann findet leicht Freunde und hat einen Sinn fürs Komische, aber ihm wird auch schnell langweilig, sodass Sie alles Mögliche tun müssen, um interessant zu bleiben.

Dieser Mann will eine Basis, ein Heim und möglicherweise eine Familie, aber er ist auch gern in Bewegung, auf der Suche nach neuen Möglichkeiten oder als Teil seines Jobs. Er liebt es zu reisen, und wenn es noch nicht an der Zeit ist, sesshaft zu werden, könnte er eine Fernreise in guter Gesellschaft machen – möglicherweise in Ihrer Gesellschaft. Er ist schnell im Denken, Handeln und Bewegen und trifft schnell Entscheidungen, aber er kann sie auch schnell wieder umwerfen. Wenn Sie mit diesem Mann reisen, stellen Sie sich darauf ein, umherzuwandern. Er kann nur so lange ruhig am Strand liegen, bis er sein Buch ausgelesen hat oder das Fussballspiel im Radio zu Ende ist. Dann will er umherstreifen, um zu sehen, was der Ort zu bieten hat. Nach 48 Stunden will er vielleicht schon wieder nach Hause fahren, arbeiten gehen oder einen anderen Urlaubsort finden. Verschwindet er für ein paar Stunden, kann er schon einen neuen Partner gefunden haben! Nehmen Sie daher auch ein paar Bücher für sich selbst mit, denn sie könnten die nächsten Tage allein verbringen – oder mit jemand anderem.

Kleine, einfache Hände

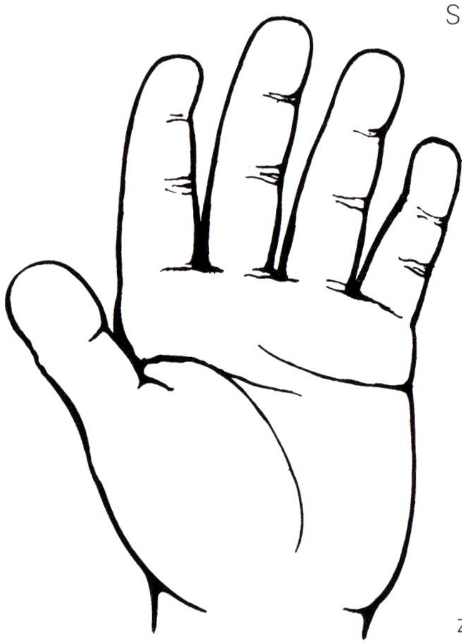

Einfache Hände

Sehen seine Hände ein wenig unentwickelt aus, mit Wurstfingern und wenigen Linien darauf, dann hat er einfache Hände und kann sehr langweilig sein. Er ist nicht bereit, etwas Neues auszuprobieren oder etwas zu unternehmen, weil ihm ein regelmäßiger Job und ein gut geordnetes Leben lieber ist. Leider brennt bei ihm leicht die Sicherung durch, weil er unfähig ist sich auszudrücken.

Sind die Hände formschöner als die einfachen Hände und sehen sie eher fest aus, kann er der schwer arbeitende Typ sein, der auf dem Weg zum Erfolg ist. Läutet ständig sein Telefon, steht er wahrscheinlich mit seinem Büro in Verbindung oder mit einer Reihe von Partnern!

Kommt es zum Liebesakt, weiß er, was zu tun ist – immerhin hatte er eine Fülle an Partnerinnen zum Üben. Erwarten Sie nicht von ihm, dass er Tag für Tag mit langatmigen Liebesspielen verbringt, denn er ist schnell gelangweilt – auch von seinem eigenen Vergnügen. Er wird bald aufstehen, um was zum Essen zu holen, die Fortschritte seines Sportteams zu verfolgen, sein Büro anzurufen oder seiner Mutter eine SMS zu schicken – oder seiner Expartnerin!

Er begreift sehr schnell, sodass er alles sofort aufnimmt, was Sie ihm sagen, aber er will keine langen Geschichten oder etwas über Ihre Gefühle hören. Seine schlechte Seite ist sein Jähzorn und seine scharfe, sarkastische Zunge. Wenn er sich plötzlich gegen Sie wendet, fragen Sie sich, ob all die netten

Dinge, die er Ihnen gestern (heute morgen, vor einer halben Stunde) gesagt hat, wahr sind, oder ob er wirklich so wenig von Ihnen hält. Allerdings scheint bald wieder die Sonne und sie verzeihen ihm alles. Er ist süß und fröhlich, bis zum nächsten Wutausbruch.

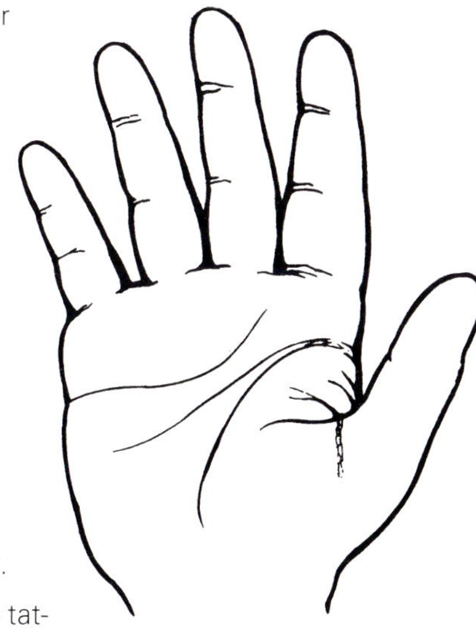

Kleine, weiche Hände

Je nach Ihrem Charakter (und Ihrer Handform) ertragen Sie das, in der Hoffnung, dass er sich bessert, oder bis Sie mit ihm Schluss machen können. Sind seine Hände klein, rund und weich, erwarten Sie nicht, dass er herkommt und Regale für Sie aufbaut. Er hat wenig Lust auf körperliche Betätigung – tatsächlich ist er an keiner Art von Beschäftigung interessiert! Trotz allem hat er einen schnellen und scharfen Verstand, wenn er bereit ist, ihn zu nutzen.

Sind seine Hände klein und eckig, erledigt er Dinge nicht nur sehr schnell, sondern hat auch noch eine praktische und sensible Veranlagung.

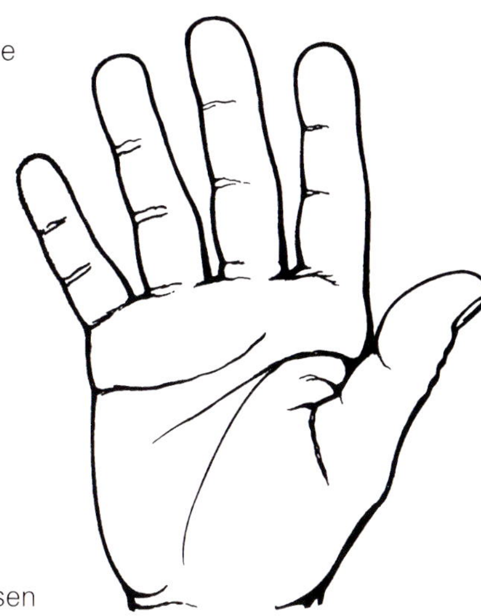

Eckige Hände

Seine Hände sind groß

Das ist ein vollkommen bedächtiger Typ. Er ist fürsorglich und scheint sich für alles zu interessieren, was Sie sagen. Sind seine Hände eckig, hat er eine praktische Veranlagung und Sie sollten den Kontakt mit ihm pflegen, denn er kann Ihnen bei elektrischen Arbeiten oder Klempnerarbeiten helfen. Diesen Mann können Sie dazu bringen, Ihren Zopf neu zu flechten, während er Ihre verwirrten Telefonkabel sortiert.

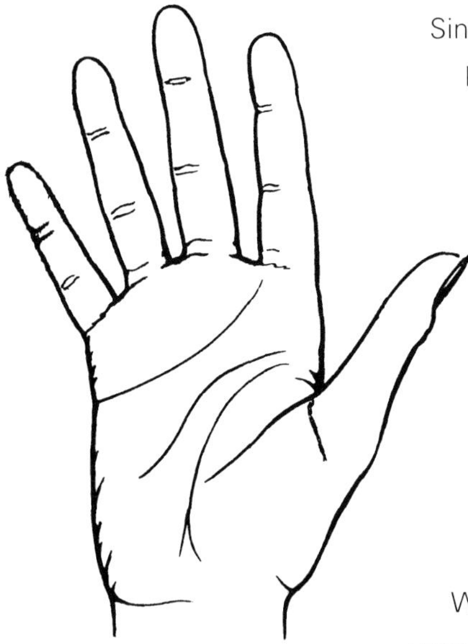

Lange, zarte Hände

Sind seine Hände schlank und zart, ist er ein Künstler oder Musiker und geht zeitweise völlig in seinen eigenen Interessen auf. Da dieser Mann hauptsächlich an Kurzzeitbeziehungen interessiert ist, ist er kaum bereit, ein normales Familienleben zu führen. Sie werden stillschweigend dabeisitzen, wenn er freitags mit Freunden ausgeht, auch wenn Sie sich fast wie ein Groupie vorkommen. Ein Künstler wird dafür ständig irgendwas Ätzendes haben, das er Ihnen zeigen will ...

Wenn es zum Liebesakt kommt, ist es sinnvoll, wenn Sie etwas zu Essen und zu Trinken besorgen. Er wird es sich in Ihrer Wohnung gemütlich machen, also schreiben Sie eine Liste, die Kirschen, Weintrauben, eine Flasche Wein und den Namen eines anständigen Chinesen enthält. Er ist ein guter Unterhalter, sodass Sie damit rechnen können, dass er Ihnen alles über seine Arbeit (er mag sie nicht besonders), seine Expartnerin (sie hat ihn nie verstanden) und seine Erfolge beim Backgammon-Turnier erzählen wird. Haben Sie genug davon, legen Sie eine gute CD ein. Er wird es schätzen und Sie können ein wenig dösen.

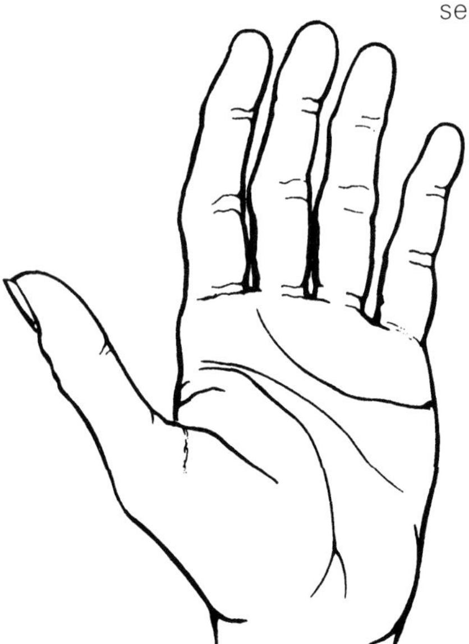

Knotige oder knubbelige Hände

Sind seine Hände mittel bis groß und sehen sie vor allem bei den Knöcheln knotig oder knubbelig aus, lässt er sich bei allem Zeit. Er ist ein Denker. Er kann sich zwar schnell bewegen, wenn es notwendig ist, aber er trifft nicht gerne Vereinbarungen, ohne genau zu wissen, worauf er sich da eigentlich einlässt.

Ungeachtet der Größe einer Männerhand gibt es noch ein paar andere Dinge, auf die man achten sollte. Wollen Sie einen sensiblen Mann, der Ihnen wirklich zuhört, schauen Sie auf seinen Handrücken. Scheinen die Venen durch oder treten sie stark hervor, ist er Mr. Sensibel. Das Problem ist, dass er leicht zu verletzen ist. Er könnte gelernt haben, sich selbst zu schützen, indem er sich anderen gegenüber kalt verhält oder sie Fehler machen lässt, damit sie sich wie Idioten fühlen. Sind die Venen nicht zu sehen, kümmert er sich wenig um seine eigenen Gefühle und ist weniger leicht durcheinanderzubringen. Das macht ihn zwar zuverlässig, aber er interessiert sich nicht sehr für Ihre Gefühle.

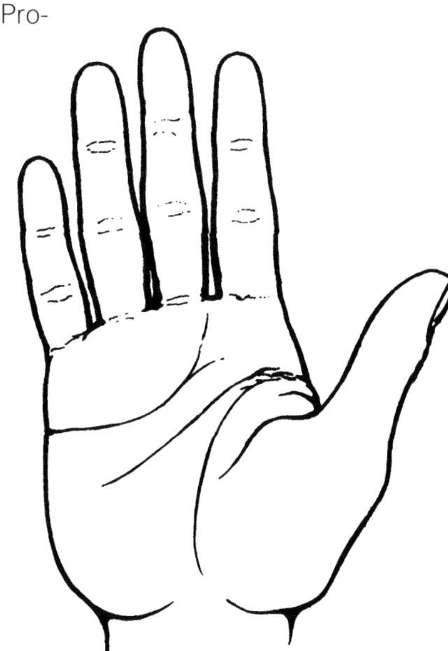

Dicke Handkante

Schauen Sie auf die Handkante. Ist sie dick und fleischig und hat sie sogar außen eine Beule, dann wird ihn schon eine Kleinigkeit aus der Ruhe bringen. Er kann leicht die Beherrschung verlieren und auch aggressiv und gewalttätig werden, wenn er zu viel getrunken hat.

Wollen Sie einen Mann, der Sie auf dem Lebensstandard hält, den Sie haben (oder gerne hätten), müssen Sie sich um jemanden mit kräftigen Händen umschauen, denn das ist das Zeichen für einen hart arbeitenden Menschen. Weiche Hände bedeuten Maßlosigkeit, während knochige Hände, die ein bisschen wie Hühnerbeine aussehen, bedeuten, dass er zu sensibel ist, um längere Anstrengungen und Stress auszuhalten.

RECHTSHÄNDER ODER LINKSHÄNDER?

Ist er Rechts- oder Linkshänder? Das ist auf die Schnelle nicht leicht zu sehen, also beobachten Sie, ob er sein Glas beim Trinken mit der rechten oder linken Hand hält. Beobachten Sie, mit welcher Hand er beim Essen die Gabel hält. Wenn er beim Reden viel gestikuliert, schauen Sie, welche Hand er am meisten benutzt. Haben Sie die Möglichkeit, mit ihm zu sprechen, lassen Sie ihn etwas aufschreiben, denn auch beidhändige Menschen neigen dazu, beim Schreiben die dominante Hand zu verwenden.

Rechtshänder sind in der Überzahl; also wenn Sie einen gewöhnlichen Typen wollen, dessen Kopf nicht voll von künstlerischem Zeug ist, dann ist das der Mann für Sie. Finden Sie aber eine künstlerische, kreative Person interessanter, dann lassen Sie die Linkshänder nicht außer Acht. Die logische, numerische linke Gehirnhälfte beherrscht die Rechtshänder, sodass diese normalerweise alltägliche Jobs und Leben haben, welches sie allerdings mit einem unüblichen Hobby ausgleichen können. Die räumliche, bildliche, rechte Gehirnhälfte beherrscht die Linkshänder, sodass diese Berufe wie Schlaftherapeut, Künstler, Musiker oder einen anderen kreativen Bereich bevorzugen. Sie können einen praktischen Beruf zur Sicherheit haben, aber ihre wahre Liebe liegt darin, ein außergewöhnliches Musikinstrument zu spielen, antike griechische Töpfe zu sammeln – oder aber auch in der Psychologie.

2

WAS IST DAS FÜR EINE FRAU?

Wer Bücher über Wahrsagerei schreibt, weiß, dass die meisten Leser weiblich sind, aber viele Frauen leben mit Männern zusammen oder haben Männer um sich herum. Ein Mann wird immer einen Blick in unsere Bücher wefen, wenn es im Fernsehen irgendetwas gibt, das weniger interessant ist, als einem Haufen Männer zuzusehen, die eine lederbedeckte Schweinsblase über ein Feld werfen und treten. Also für alle Männer (oder für die, die ein Auge auf Sie haben) hier ist das Geheimnis, wie man die perfekte Liebe findet – oder etwas anderes …

Lord Byron sagte einmal, Männer hätten viele Interessen, aber das Hauptinteresse (oder das einzige) der Frauen sei die Liebe. Das mag um 1800 der Fall gewesen sein , aber es stimmt bis heute. Das heißt, dass viele Männer einen „Moment" erreichen. Damit meine ich, dass ein Mann, der glücklich damit war, bei seinen Eltern zu leben, mit seinen Freunden rumzuhängen, hin und wieder ein Date zu haben oder sich komplett in die Arbeit hineinzusteigern, plötzlich an den Punkt kommt, an dem ihm der Gedanke an Frau und Familie gefällt. Frauen können diesen Moment niemals erreichen, denn sie wollen ein ganzes Leben lang nichts anderes. Frauen hoffen immer, jemanden kennenzulernen, hoffen, den, den sie haben, zu verlieren, versuchen über seinen Verlust hinwegzukommen – oder wollen jemanden neuen kennenlernen … wenn Sie wissen, was ich meine!

Ein Mann erreicht diesen Moment zu irgendeinem Zeitpunkt … vielleicht erst, wenn er im Ruhestand ist. Wenn Sie an diesem Moment angekommen sind oder nur jemanden suchen, mit dem Sie ein wenig Zeit verbringen können, sollte das Folgende Ihnen helfen, das zu finden, was Sie wollen, und ein paar Fallen zu umgehen, die den Unvorsichtigen erwarten.

GROSSE ODER KLEINE HÄNDE

Die Regeln hier sind wie im vorigen Kapitel. Eine Frau mit kleinen Händen wieselt herum und bringt Dinge zu Ende, aber sie geht auch schnell von einer Sache (oder einer Person) auf die andere über. Eine Frau mit großen Händen ist langsamer, aber sie ist zu feiner, detaillierter Arbeit fähig. Sie geht auch mit einem durch dick und dünn. Da wir von dick und dünn reden: eine Frau mit kleinen Händen nimmt eher zu, wenn sie älter wird. Manche Frauen mit großen Händen tun das auch, aber sie neigen eher weniger dazu.

WOMIT IST SIE ZUFRIEDEN?

Die Ellenseite der Hand (die Seite gegenüber dem Daumen), hängt mit Heim, Familie, Beziehungen und Freunden zusammen. Wenn Sie also eine Frau wollen, die Hühnersuppe kocht und das Haus in Ordnung hält, suchen Sie nach einer Frau, deren Ellenseite gut entwickelt ist. Der Ringfinger und der kleine Finger sollten ziemlich lang und die Handkante fest sein.

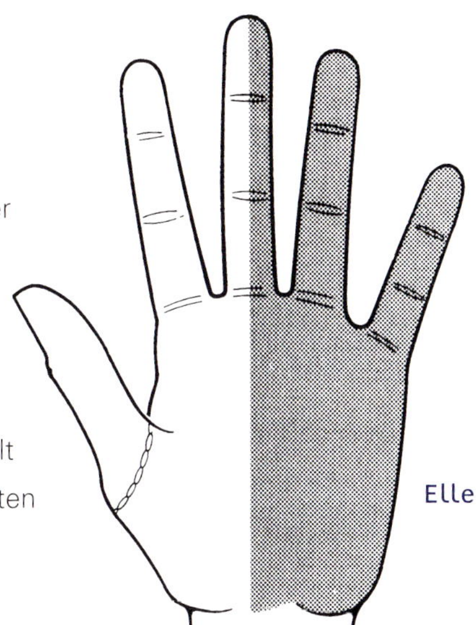

Die Ellenseite der Hand

Eine feste Hand gehört einer hart arbeitenden Person, die sichergehen will, dass im Haus alles reibungslos läuft und dass es genug Geld gibt, um die Rechnungen zu bezahlen, aber diese Frau erwartet auch einen gewissen Einsatz von Ihnen. Wählen Sie ein süßes Mädchen mit sanften, weichen Händen, kann sie Sie kurzfristig reizen, aber mit der Zeit werden Sie es satthaben, alles für sie bereitzustellen, vor allem, wenn sie Ihnen ständig sagt, dass es nicht genug ist.

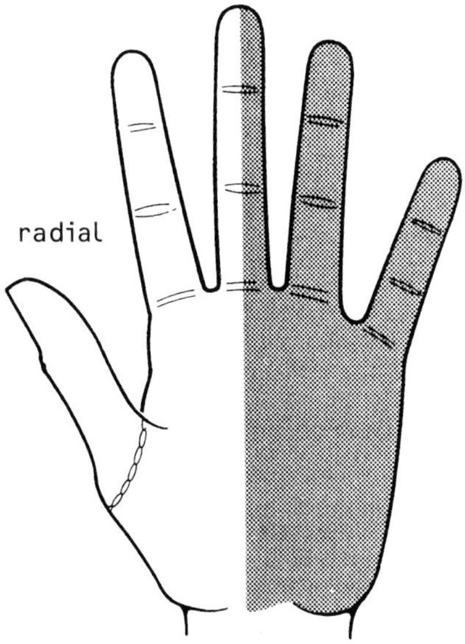

Die Radialseite der Hand

Die Radialseite (Daumenseite) bezieht sich mehr darauf, was in der Welt vor sich geht. Eine gut entwickelte Radialseite gehört einer Frau, die Karriere machen will oder sich stark für das Leben in der Öffentlichkeit interessiert. Sie ist nicht leicht zu beherrschen oder zu kontrollieren, vor allem, wenn Zeigefinger und Daumen fes und stark wirken.

Es liegt etwas Abstoßendes an einer Frau mit knochigen Händen. Sie scheint mehr zu wollen, als ein Mann (oder irgendjemand) ihr geben kann. Ihre Hände können mittelgroß und eckig sein, was bedeutet, dass sie einen bestimmten Lebensstandard haben will und auch komfortabel reisen möchte. Erinnern ihre Hände an Klauen, reicht ihr Materialismus bis ins Unermessliche.

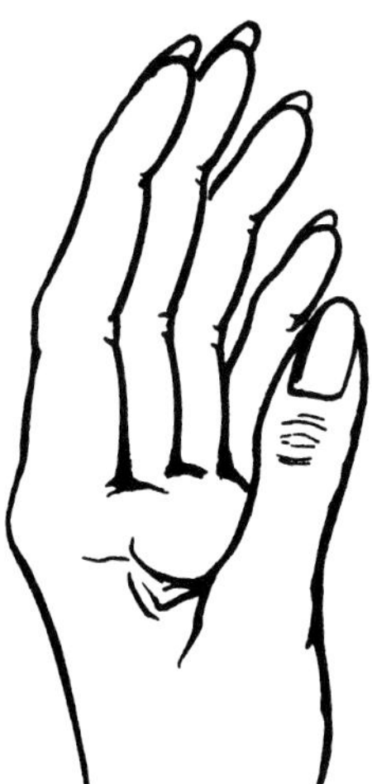

Klauenähnliche Hände

Schauen Sie auf die Form ihrer Hände und Fingerspitzen. Rechteckigkeit signalisiert Sachlichkeit und Vernunft. Eckige oder spatelförmige Fingerspitzen zeigen große Lust und auch Begabung für das Spielen klassischer Musik, bildnerisches Gestalten, Stickereien oder etwas Ähnliches an, das detailreich ist Das mag Sie nicht sonderlich interessieren, aber es ist immer nützlich für eine Frau, wenn sie ein nettes Hobby hat.

Es braucht nicht viel Intelligenz, um zu sehen, dass lange dünne Hände künstlerisch und sensibel sind. Schauen Sie auf den Handrücken und sehen Sie nach, ob die Venen zu sehen sind, denn das bedeutet, diese Frau geht vorsichtig mit Ihren Gefühlen um. Sind die Venen unter fetter oder dicker Haut verborgen, können Sie darauf verzichten, über Ihre Gefühle zu sprechen – sie wird Sie nicht verstehen. Runde Hände sind kontaktfreudig, freundlich, entgegenkommend, lieben Reisen, Szenenwechsel und das Leben selbst. Solche Frauen langweilen sich aber schnell, sodass Sie sich große Mühe geben müssen, interessant zu bleiben.

LEIDENSCHAFT

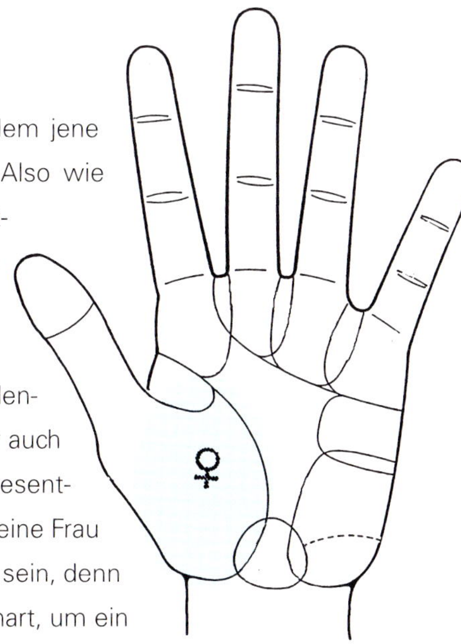

Venusberg

Die meisten Männer interressiert Sex – vor allem jene mit einem stark entwickelten kleinen Finger! Also wie finden Sie eine leidenschaftliche Frau? Die Antwort ist nicht einfach, denn der offensichtliche Sitz der Leidenschaft ist der Venusberg.

Ist dieser Bereich der Hand groß, zeigt er Leidenschaft für eine Sache an. Das kann für Sex, aber auch für materielle Dinge wie Güter und Geld und wesentliches wie Manolo-Schuhe sein. Einerseits kann eine Frau mit gut entwickeltem Venusberg eine gute Wahl sein, denn sie lebt das Leben in vollen Zügen. Sie arbeitet hart, um ein nettes Heim einzurichten und Geld auf der Bank zu haben, aber sie ist auch ein liebevoller Partner. Urteilen Sie aber nicht nach der Höhe des Berges allein, denn ein weiter Venusberg ist besser als ein voller. Fülligkeit deutet hier auf Maßlosigkeit und Selbstsucht hin, und wenn der Berg hart und hoch ist, deutet es auf eine anspruchsvolle und selbstsüchtige Person hin – obgleich sie auch sexy ist.

Ein verkrampfter Venusberg gehört einer Frau, die schon mit wenig zufrieden ist und wenig Ansprüche stellt, aber sie hat viel Fantasie und lebt „in ihrem Kopf". Sie bevorzugt es, zu Hause zu bleiben und ein ruhiges Leben zu leben. Das kann manchem Mann gefallen, aber wenn Sie eine Frau wollen, die mit Ihnen den Kilimandscharo besteigt oder in Borneo in einem Zelt Urlaub macht, werden Sie enttäuscht sein.

Eine sexuell fantasievolle Frau hat einen vollen Mondberg und möglicherweise eigenartige Hautoberflächenmuster.

Ich kenne Frauen mit diesem Berg, die sich für tantrischen Sex und andere Formen der Aktivität interressieren. Sind Sie in Experimentierlaune, dann ist das eine Frau für Sie, aber wenn Sie ein nervöser Steinbock sind, der es nicht schätzt, zu viele Überraschungen im Schlafzimmer zu erleben, dann sollten Sie diesen Typ besser meiden.

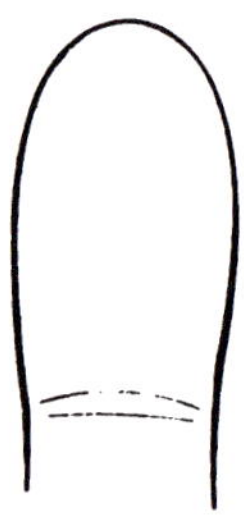

Das erste Glied eines Fingers

Sensible Männer bevorzugen einen intelligenten Partner, also schauen Sie auf das erste Fingerglied, da es zumindest ein Hinweis auf Intelligenz ist.

Kurze erste Fingerglieder gehören jemandem, der weniger denkt, aber möglicherweise mehr erreicht.

GELD UND EINKAUFEN

Machen Sie dieses kleine Experiment. Hören Sie einer Gruppe von Männern zu. Es ist egal, wo Sie gerade sind – ob in der Arbeit, bei einer Gesellschaft, in einer Schlange an der Kinokasse oder wenn Sie sich zum Training treffen. Die meisten Männer reden über Geld. Sie diskutieren über das Haus, Geschäfte, Autos, Werkzeug, Sportausrüstung, Campingausrüstung oder das Mountainbike, das sie gekauft haben, überlegen zu kaufen, was ihre Freunde gekauft haben oder sie am liebsten kaufen würden. Frauen shoppen häufiger, aber weniger im Vergleich zu Männern, die monatelang über die Sache, die sie wollen, nachdenken, sich quälen, reden und träumen – und dann, wenn der Mond günstig steht, losstürmen und sie kaufen.

Alle Frauen lieben Shopping – natürlich abgesehen von dem wöchentlichen Einkauf im Supermarkt. Wenn Sie sichergehen wollen, dass Ihre Frau nur ungefähr mit dem, was sie einkaufen wollte, auch zurückkommt, dann wählen Sie eine mit steifen Daumen. Zeigen die Daumen nach hinten, geht sie für eine bestimmte Sache außer Haus und kommt mit einer komplett anderen – und viel teureren – Sache zurück.

Ich habe steife Daumen, sodass ich anstatt Kohl zu kaufen höchstens mit einem Paar Socken zurückkomme. Mein erster Mann, Tony Fenton, hatte sehr bewegliche Daumen. Er ging einmal fort, um die Zeitung zu holen, und kaufte ein Haus! Es war ein schönes Haus und wir lebten darin 32 Jahre lang.

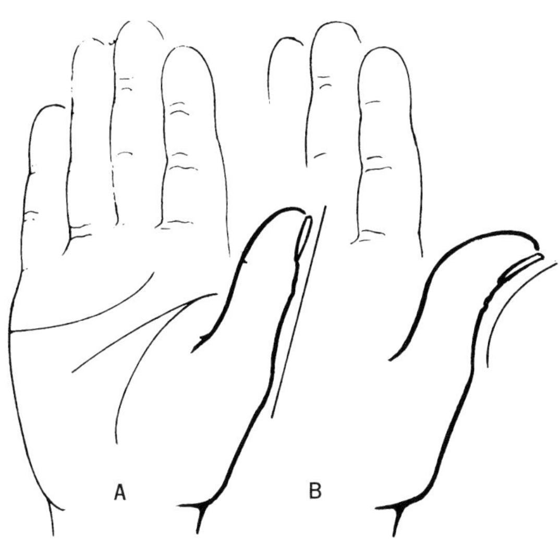

Hand A hat einen steifen Daumen und
Hand B hat einen beweglichen Daumen

3

DIE LANDKARTE DER HAND

Die Planeten

APOLLO	künstlerische Fähigkeiten, Kreativität, Familie, Freizeitaktivitäten
MOND	Fantasie, Reisen und Rastlosigkeit, Kreativität, Unterbewusstsein
MERKUR	Kommunikation, Arbeit, grundlegende Ausbildung, Interessen, Lese- und rechnerische Fähigkeiten, Geschicklichkeit, Gesundheit, Sexualität
VENUS	Luxus, Besitz, Herrschaft, Schönheitsliebe, Leidenschaft, Freundschaft, Liebe, Zuneigung
MARS	Aggression und Rechthaberei, Mut, Enthusiasmus, Energie, militärische Angelegenheiten
JUPITER	Glaube, Führungsqualitäten, Selbstbewusstsein, Unterrichten
SATURN	Wissenschaft, Studium, praktische Angelegenheiten, harte Arbeit, Ordnung, finanzielle Sicherheit, hohes Alter
URANUS	wird beim Handlesen noch nicht verwendet
NEPTUN	Fantasie, psychische Wahrnehmung; Brücke zwischen Bewusstsein und Unterbewusstsein und Brücke zwischen der spirituellen und der realen Welt
PLUTO	Reisen, Realitätsflucht, Ruhelosigkeit, Langeweile mit dem gewöhnlichen Leben

Lassen Sie uns jetzt ein paar Details betrachten. Die erste Sache, die Sie begreifen müssen, ist, dass jeder Bereich auf der Hand einen anderen Lebensbereich betrifft. Auf eine Hand zu sehen ist eigentlich so, als würde man auf eine Art Karte schauen, die die Eigenschaften des Geländes zeigt. Jeder Teil der Hand gehört zu einer bestimmten Eigenschaft oder einem Interessensgebiet im Leben des Besitzers.

Die indoeuropäische Handlesekunst hat Verbindungen zu den Planeten in der Astrologie, aber es gibt feine Unterschiede über die Verbindung der Planeten aus der Sicht eines Handlesers und der eines Astrologen. Als Astrologe und Handleser denke ich, dass die Sicht der Handleser auf die Anfänge der Astrologie zurückgeht. Moderne westliche Astrologie hat sich von diesen Grundlagen etwas entfernt. Eine kurze Einführung zeigt, wie Handleser die Planeten und die dazugehörigen Bereiche auf der Hand sehen.

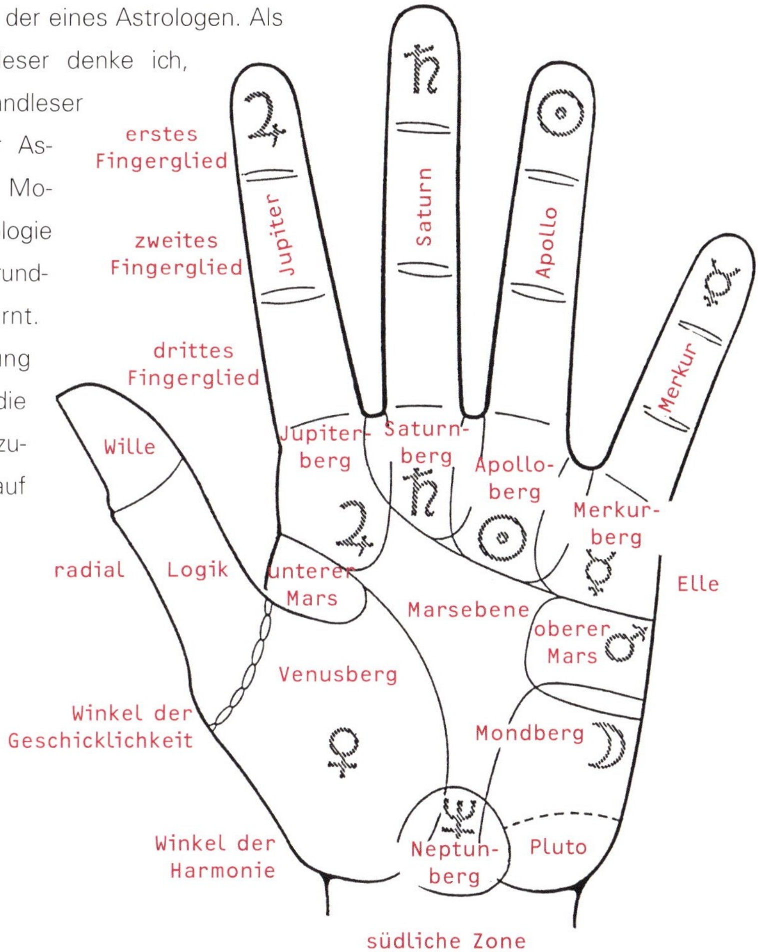

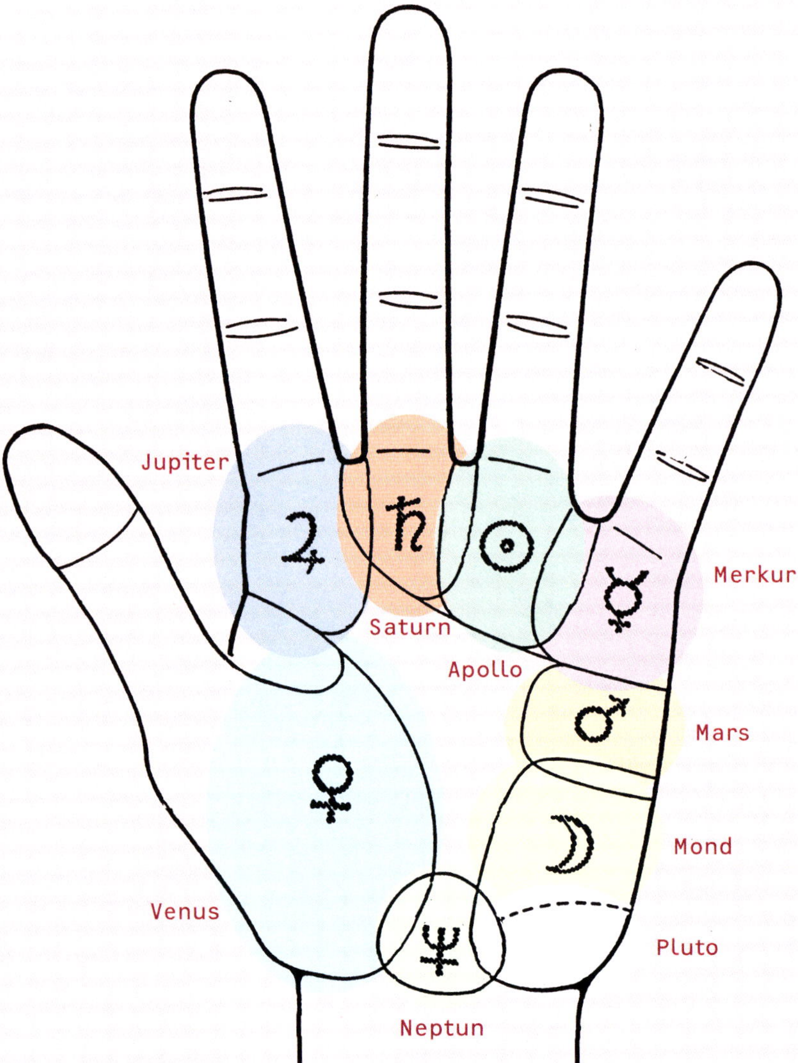
Jupiter
Saturn
Apollo
Merkur
Mars
Mond
Venus
Pluto
Neptun

DIE BERGE

Handleser nennen die Bereiche auf der Handfläche Berge, obwohl manche mehr wie eine Mulde aussehen. In diesem Kapitel und im ganzen Buch bezeichne ich die Berge fallweise als größer, kleiner, höher, tiefer, schmäler oder breiter als normal. Ich weiß, dass Anfänger das schwer beurteilen können und daher schlage ich vor, dass Sie Hände von mehreren Freunden vergleichen. Sie werden sehen, dass die meisten Berge auf den Händen einander ähnlich sind, aber es wird eine Person unter Ihren Freunden geben, die einen Berg hat, der höher und größer ist als bei den anderen und umgekehrt. Dadurch werden Sie eine Vorstellung von den Unterschieden bekommen, die Sie in einem Haufen Hände sehen können.

Der Jupiterberg

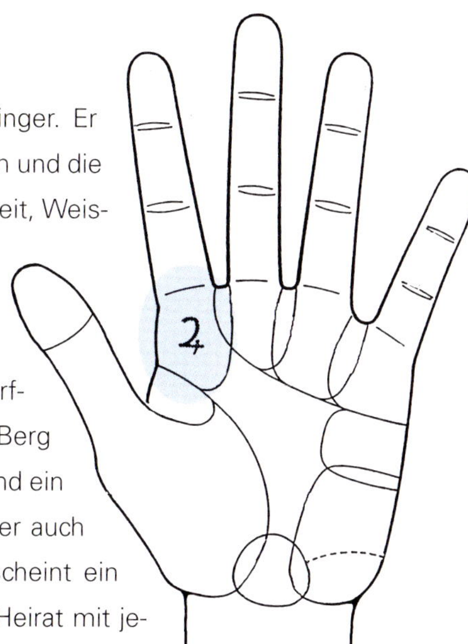

Dieser Berg liegt genau unter dem Zeigefinger. Er bezieht sich auf das Ego, das Selbstvertrauen und die Chancen auf Erfolg. Er betrifft auch Ehrlichkeit, Weisheit und Idealismus. Es ist gut, einen angemessenen Jupiterberg zu haben, aber ein hoher Jupiterberg bedeutet, dass eine Person so selbstsüchtig ist, dass sie die Bedürfnisse der anderen nicht sieht. Ein hoher Berg deutet auf ein übertriebenes Ego hin, während ein flacher Berg einen Mangel an Vertrauen, aber auch die Fähigkeit, hart zu arbeiten, anzeigt. Erscheint ein Kreuz auf diesem Berg, deutet es auf eine Heirat mit jemandem hin, der viel Geld hat.

Der Saturnberg

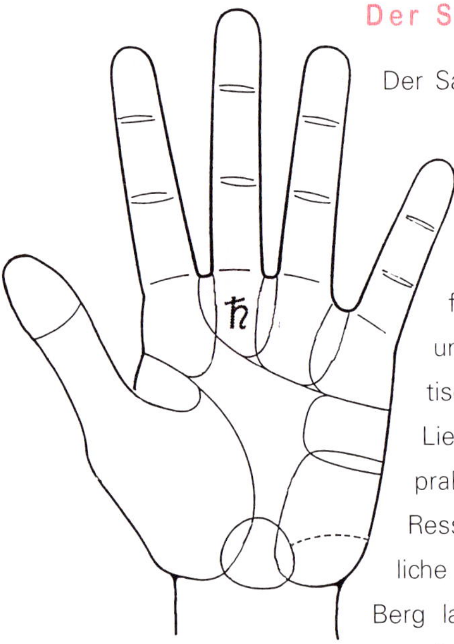

Der Saturnbereich bildet selten einen Berg. Wenn zwischen Saturn- und Apollofinger ein fleischiger Bereich ist, hat der Betreffende ein besonderes Gefühl für Mode und die Fähigkeit, an einer kreativen Sache hart zu arbeiten. Ist der Bereich sehr flach – wenig Raum zwischen der Basis der Finger und der Herzlinie – kann der Betreffende materialistisch sein und ist unfähig, Zuneigung zu zeigen und Liebe zu geben. Dieser Bereich betrifft hauptsächlich praktische Angelegenheiten wie Sicherheit, Geld, Ressourcen und teilweise auch Karriere und geschäftliche Angelegenheiten. Linien, die vertikal über diesen Berg laufen, zeigen den Wunsch nach Sicherheit und betreffen vielleicht auch die Finanzen im späteren Leben.

Der Apolloberg

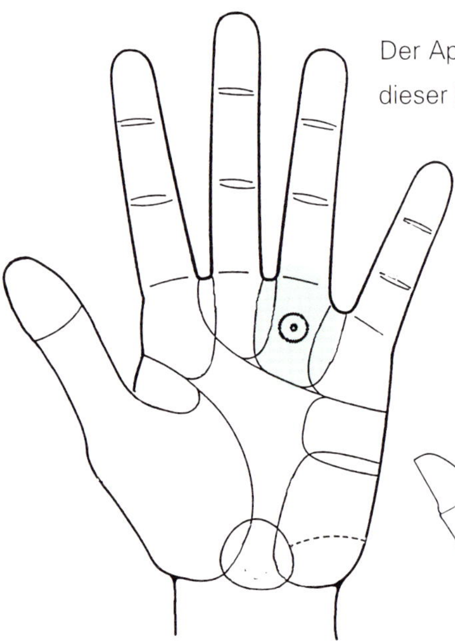

Der Apolloberg ist oft eher eine Mulde als ein Berg. Ist dieser Bereich verkrampft, dann ist die Person ein Griesgram, der sich weder amüsieren noch anderen eine Freude machen kann. Dieser Bereich betrifft heimisches Leben, familiäre Angelegenheiten, Geisteswissenschaften, Musik und den Wunsch, glücklich und kreativ zu sein. Vertikale Linien in diesem Bereich garantieren Glück im späteren Leben.

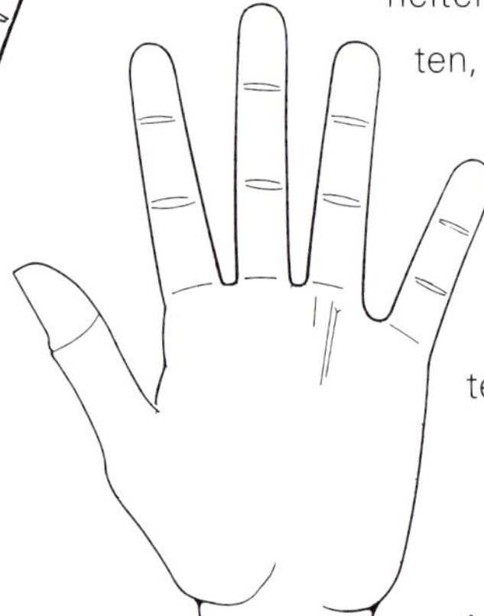

Glück im späteren Leben

Der Merkurberg

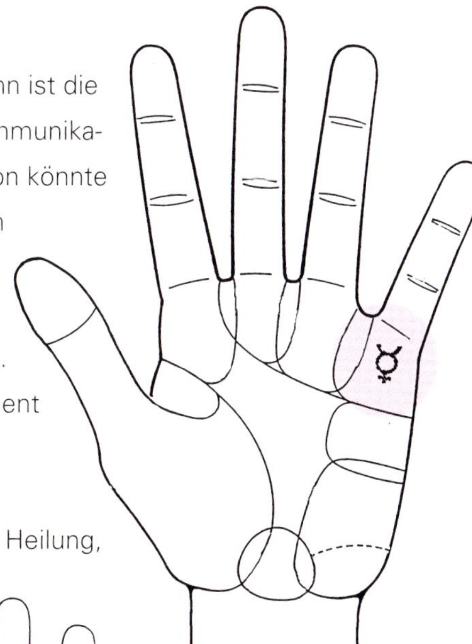

Ist der Merkurberg umfangreich und voll, dann ist die Person intelligent und hat ein Talent für Kommunikation und dafür, anderen zuzuhören. Die Person könnte mit Maschinen arbeiten oder Lehrer sein. Ein Kreuz an dieser Stelle lässt auf technische Begabung schließen, wie zum Beispiel die Arbeit mit Computern und anderen Geräten. Es bedeutet auch, dass jemand ein Instrument spielt oder ein geschickter Mechaniker ist.

Dieser Bereich betrifft auch Gesundheit und Heilung, sodass Zeichen hier ein Talent fürs Heilen anzeigen. Laufen drei diagonale Linien vertikal über diesen Berg, weist es auf die Fähigkeit hin, Heilung durch konventionelle Medizin oder als spiritueller Heiler zu vollziehen.

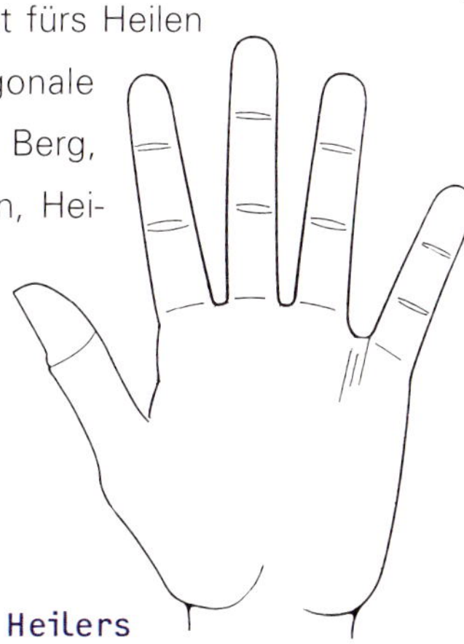

Das Zeichen eines Heilers

Der Venusberg

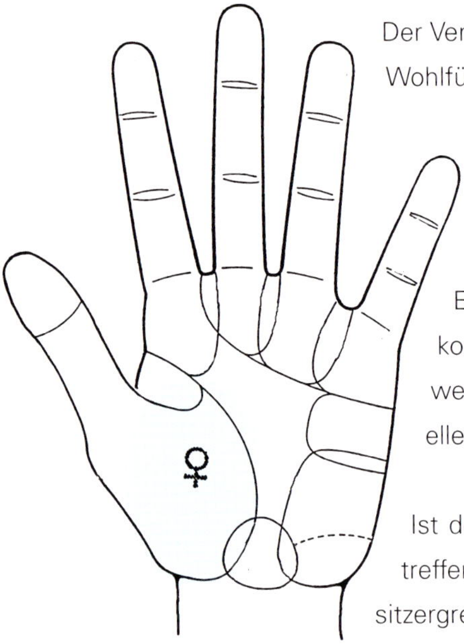

Der Venusberg betrifft Begierde, Leidenschaft und den Wohlfühlfaktor. Traditionell gilt eine Person mit großem und markantem Venusberg als sexy, aber fraglos auch als leidenschaftlich. Derjenige kann eine große Leidenschaft für Kunst, Musik, Theater, sein Heim und die Familie, gutes Essen, Reisen, Pferdehaltung oder etwas vollkommen anderes haben. Die Leidenschaft betrifft weniger politische Angelegenheiten oder spirituellen Glauben als vielmehr etwas Persönliches.

Ist der Venusberg voll und hoch, sehnt sich der Betreffende nach Schönheit, Besitz, Luxus und kann besitzergreifend und habgierig sein. Eine gut entwickelte Venus bringt einer Person Energie und Entschlossenheit und ist oft ein Hinweis auf möglichen oder gegenwärtigen weltlichen Erfolg. Ist der Berg zu groß oder zu hoch, so deutet das auf Genusssucht, Habgier, Faulheit, Egoismus, zuviel Sex und eine eifersüchtige oder tyrannisierende Art hin. Hat derjenige die richtige Kombination an Eigenschaften, kann er sehr erfolgreich sein, weil ihn der Wunsch, das zu haben, was er will, noch zusätzlich anspornt. Faulheit und die Liebe zum Luxus können sein Untergang sein.

Ein flacher Venusberg gibt so lange Energie, wie der Bereich groß ist. Derjenige hat ein großes Herz und ist großzügig. Große Venusberge, die weder hoch noch tief sind, deuten an, dass die Person deshalb viel Geld verdient, weil sie es nicht erträgt, sparsam zu sein, auf Dinge, die sie haben will, verzichten zu müssen oder von anderen abhängig zu sein.

Ist der Berg verkrampft, zieht der Betreffende wenig Besitz der Freiheit, er selbst sein zu können, vor. Er kann geizig sein mit einer Vorliebe für einen einsamen, spartanischen Lebensstil. Er kann gesellig und sexuell aktiv sein, aber er will nicht mit anderen zusammenleben oder sein Leben mit Besitz vollstopfen. Er strengt sich nicht an, um im Beruf Erfolg zu haben, sondern bevorzugt ein leichtes Leben oder eine kleine, ruhige Welt, die er sich selbst schafft.

Eine kreative Person mit einem großen Venusberg wird ansprechende und nützliche Dinge erschaffen. Eine Person mit kleinerem Venusberg ist analytisch, genau, logisch, wortreich und benutzt stark die linke Gehirnhälfte.

Linien und Falten am Venusberg deuten auf Schiwerigkeiten beim Geld-Machen hin. Linien, die von der Kante der Hand in den Venusbereich kommen, bedeuten Freundschaft, Mitgliedschaft in Gruppen oder Klubs und geselliges Leben.

Der Mondberg

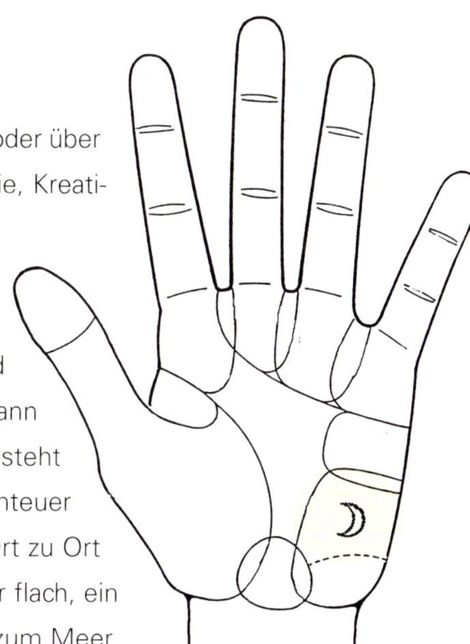

Der Mondberg steht mit Reisen – meist auf dem oder über das Meer – in Verbindung. Er betrifft auch Fantasie, Kreativität und zum Teil übersinnliche Fähigkeiten.

Die Alten betrachteten den Mond als rastlos, weil er schnell über den Himmel wandert, und jeden Monat eine Zeit lang verschwindet und dann wieder auftaucht. Ein großer, markanter Mond steht für eine rastlose Person, die Reisen und Abenteuer liebt. Sie kann einen Beruf wählen, der sie von Ort zu Ort bringt, oder sie reist nur zum Spaß. Ob hoch oder flach, ein großer Mond zeigt die Liebe zur Landschaft und zum Meer. Ein markanter Mond deutet auf Kreativität und viel Fantasie hin. Ist dieser Bereich verkrampft, hat der Betreffende keine Freude am Reisen und auch nur wenig Fantasie.

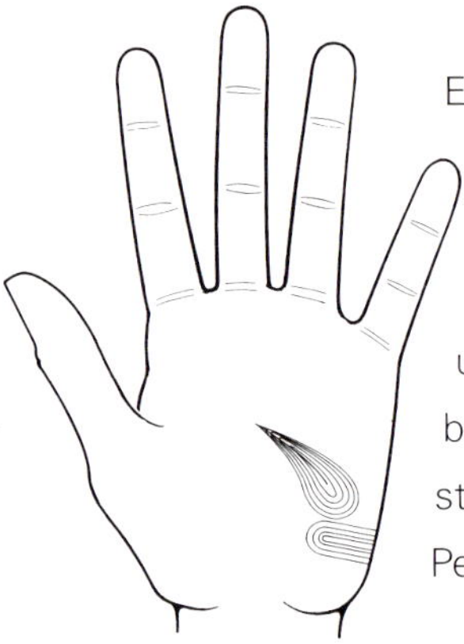

Ein gut ausgebildeter Mond bedeutet, dass der Betreffende intuitiv, feinfühlig für seine Umgebung und eventuell auch spiritistisch ist. Er kann fähig sein, Bilder aus der Vergangenheit oder der Zukunft von Leuten, Objekten und Orten zu empfangen. Ein hoher Berg mit einem Wirbel oder einer Schlaufe auf dem Hautoberflächenmuster steigert Vorstellungskraft und Intuition so sehr, dass die Person von Zeit zu Zeit den Bezug zur Realität verliert.

Der Plutoberg

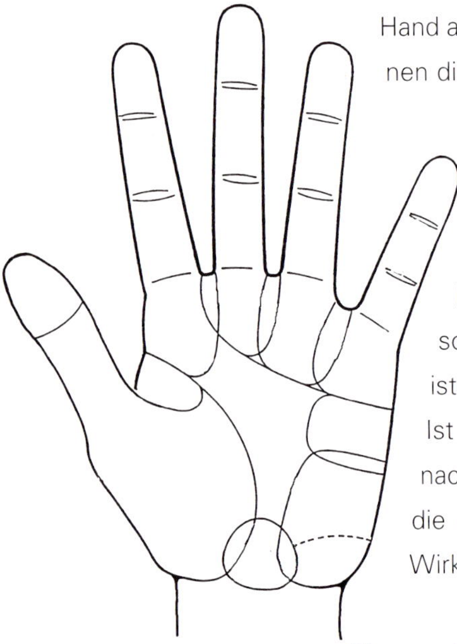

Rechts unten am Berg ist ein Knochen gleich dort, wo die Hand am Handgelenk angrenzt. Moderne Handleser nennen diesen Bereich den Plutoberg. Ich denke, sie haben ihm den Namen nur aus Vernunftgründen gegeben, denn die Stelle hat nichts mit dem Pluto zu tun, mit dem die Astrologen vertraut sind.

Ist der Plutoberg hoch und weit, dann ist die Person sehr rastlos; sie ist ein richtiger Reisender. Sie ist sehr schnell gelangweilt, außer sie ist unterwegs. Ist der Berg schwer sichtbar oder biegt sich scharf nach innen in Richtung der Handkante, dann kann sie die gelegentlichen Urlaubswochen genießen, aber in Wirklichkeit ist sie am liebsten zu Hause.

Venus-, Mond- und Plutoberg Der einfachste Weg sich diese Berge vorzustellen ist sich klarzumachen, dass Venus Menschen und Dinge liebt, die man mit den fünf Sinnen erfassen kann. Mond und Pluto repräsentieren die Liebe zu Reisen und zu den Dingen, die außerhalb der physischen Sinne liegen.

Die Marsberge

Jetzt werden die Dinge ein wenig kompliziert. Der ganze mittlere Bereich der Hand ist dem Mars zugeordnet, aber er ist unterteilt in oberen Mars, unteren Mars und die Marsebene.

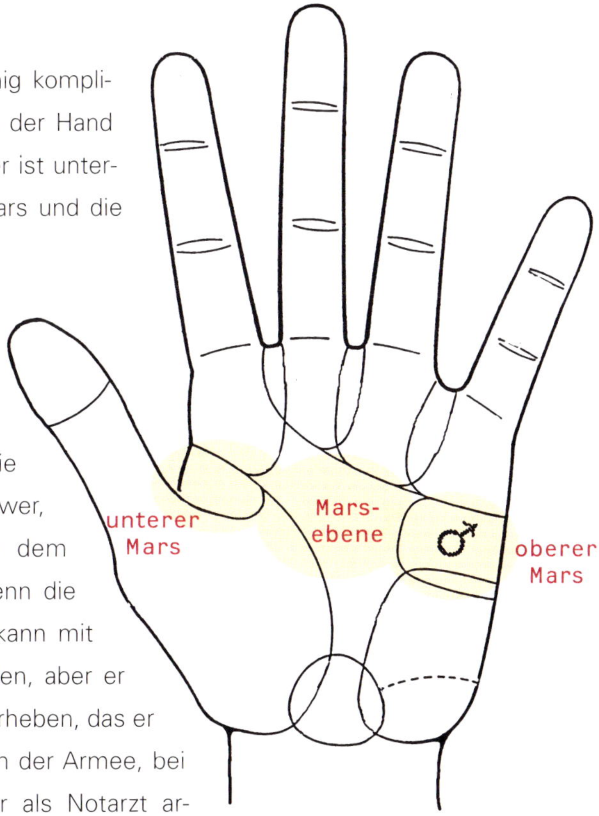

Oberer Mars Der obere Mars liegt an der Handkante und bezieht sich auf kämpferische Fähigkeiten und Reaktionen wie Wut und Streitlust. Es ist schwer, jemanden zu schockieren, bei dem dieser Bereich hoch ist oder wenn die Stelle durchgehend dick ist. Er kann mit Worten oder mit Fäusten kämpfen, aber er würde nie für etwas die Fäuste erheben, das er nicht will. Diese Person könnte in der Armee, bei der Polizei, der Feuerwehr oder als Notarzt arbeiten. Er liebt es, dort zu sein, wo richtig was los ist. Wenn sich der obere Mars allerdings auswärts zur Kante beugt, dann hat der Betreffende eine kreative Begabung und kann mit seinem Verstand und mit seinen Händen auf eine kreative Art und Weise tätig sein. Er kann aber auch unzuverlässig und falsch sein, denn was er will, ist sehr wichtig für ihn und es ist ihm egal, wie er es bekommt.

Ist dieser Bereich dünn, dann ist der Betreffende nervös. Er kann in jungen Jahren tyrannisiert worden sein und er hat nie wirklich mehr Mut entwickelt. Wenn er seinen Daumen in die Finger steckt, ist er sehr nervös, ängstlich und unsicher. Diese Geste gibt ihm Trost und Sicherheit.

Ist die Handkante eher gerade als gebogen, dann ist der Betreffende ein guter Protokollführer, Korrekturleser, Sekretär oder Analytiker. Er kann die Ideen anderer erklären und verbessern, aber selbst nicht kreativ sein.

Unterer Mars Der untere Mars ist oft höher als der obere Mars. Der untere Mars liegt auf der Hand ungefähr dort, wo der Daumen von der Hand abgespreizt werden kann; er liegt innerhalb der Lebenslinie. Für jemanden mit einem markanten, großen oder „vollen" unteren Mars ist es wichtig, dass er seine Pflicht tut. Als Jugendlicher könnte er Pfadfinder oder ähnliches gewesen sein. Er ist ein guter Teamkamerad, vor allem wenn es gilt, wichtige Arbeiten zu erledigen, und er könnte es druchaus genießen, ein Heerführer zu sein.

Ist der Bereich flach, eingekerbt oder verkrampft, deutet das auf eine Person hin, die sich nicht an Gruppen ansschließt und nicht zum Militär will. Sie ist wahrscheinlich zu unkoventionell und unabhängig, um ein gutes Teammitglied zu sein.

Die Marsebene ist der flache Bereich in der Mitte der Hand. Während sich jeder Berg auf einen bestimmten Aspekt des Lebens bezieht (Status, Familie, Leben, Reisen usw.), tut dies die Marsebene nicht. Viele Linien laufen über diesen Bereich und ein geschickter Handleser kann gesundheitliche Probleme herauslesen, die an den Zeichen und den farbigen Hautstellen zu sehen sind, die in diesem Bereich auftreten.

Der Neptunberg

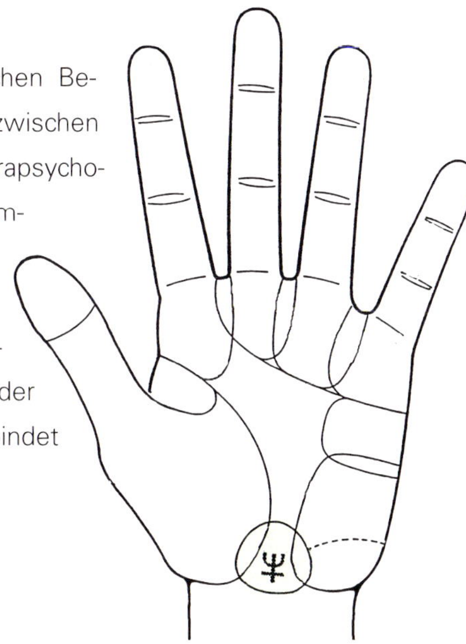

Neptun repräsentiert die Verbindung zwischen Bewusstsein und Unterbewusstsein und auch zwischen der spirituellen und der materiellen Welt. Parapsychologen, Hellseher, Künstler, Psychologen, Traumdeuter, kreative Menschen und solche, die sehr viel reisen, haben einen stark entwickelten Neptunberg. Er verbindet die materielle Welt von Venus mit der imaginären oder übersinnlichen Welt des Mondes. Er verbindet auch Bewusstsein und Unterbewusstsein.

WINKEL

Der Punkt, an dem der Daumen an der Hand anschließt, ist der Winkel der Geschicklichkeit. Ist er ziemlich gut ausgeprägt, hat der Betreffende Eleganz, lässt selten etwas fallen und ist geschickt mit seinen Händen. Er hat auch ein gutes Zeitgefühl. Das ist sehr nützlich, wenn er Musik – auch Hip-Hop und Rap – Tanzen und Sport liebt. Dieser Mensch kann auch zum richtigen Zeitpunkt einen Scherz machen. Er hat auch ein instinktives Gefühl dafür, wann es besser ist zu reden oder zu schweigen.

Der Winkel an der Basis der Hand, an der Daumenseite, wird Winkel der Harmonie genannt. Ist er scharf abgewinkelt und bildet eine Ecke, interessiert sich der Betreffende stark für Musik und könnte leicht Sänger oder Musiker sein.

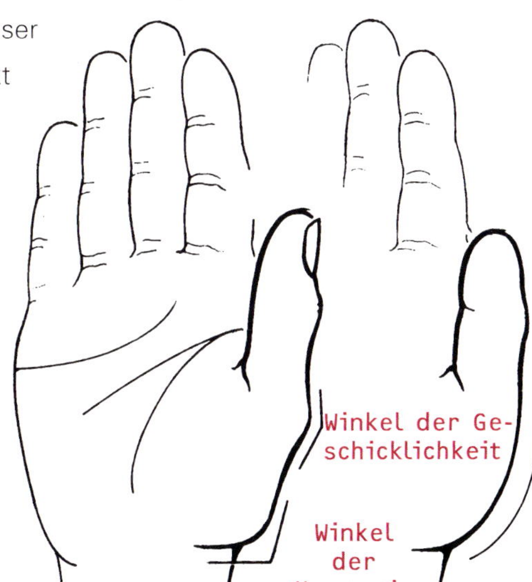

4

DIE FINGER

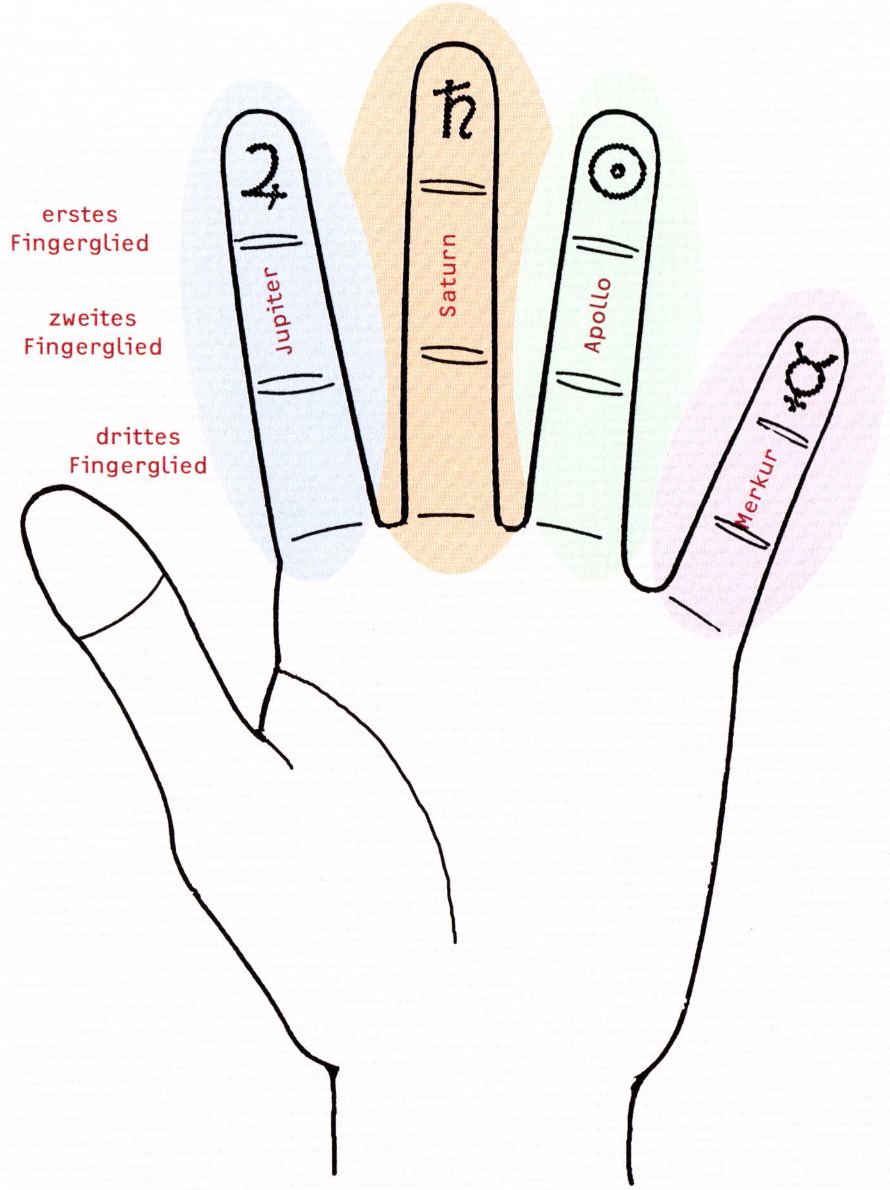
erstes
Fingerglied
zweites
Fingerglied
drittes
Fingerglied
Jupiter
Saturn
Apollo
Merkur

Früher fanden wir die Idee lustig, Hände zu prüfen, ohne dass es jemand bemerkt. Zum Teil kann man das auch mit den Fingern machen, obwohl wir natürlich aus der Entfernung nicht alles sehen können.

Finger kommen in allen Formen und Größen vor, mit einer Vielzahl an Fingerspitzen und -nägeln. Sie können sich in verschiedene Richtungen biegen und die Länge kann oft täuschen.

STELLUNG

Es ist sinnvoll, ein Lineal zu verwenden, um die Länge der Finger gegeneinander abzumessen, denn die Stellung, mit der sie an der Handfläche ansetzen, kann unterschiedlich sein. Manche liegen in einer geraden Linie an der Basis, während andere vom kleinen Finger ausgehend einen Bogen bilden.

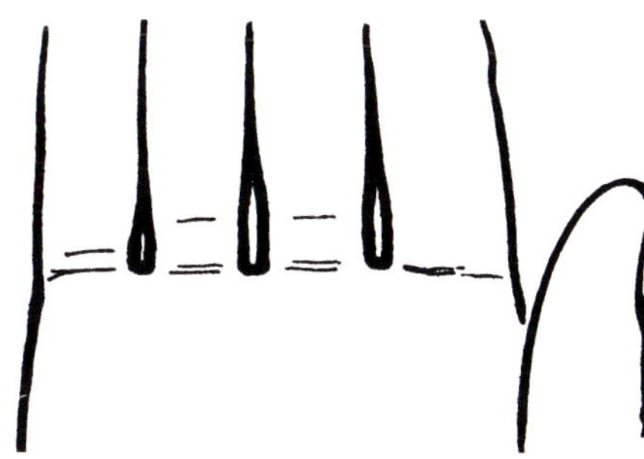

Die Stellung der Finger kann variieren

Liegen die Finger in einer Linie, dann ist auch die Oberkante der Handfläche gerade, was Sachlichkeit andeutet.

Bei einer kreativen oder sensiblen Person bilden die Finger einen Bogen. Es deutet mentales Geschick an. Bei musikalischen und kreativen Leuten bilden die Finger vom Zeigefinger weg ein Gefälle zum kleinen Finger hin.

Finger können lang, kurz, fett, dünn, eben oder knotig sein. Kurze Finger deuten physische Energie an, während längere Finger auf einen Träumer hinweisen. Knotige Knöchel gehören einem Denker, der alles in seinem Tempo macht und es hasst, gestresst zu werden, während ebene Finger für weniger Überlegung, aber mehr Schnelligkeit und Action stehen.

NEIGUNG

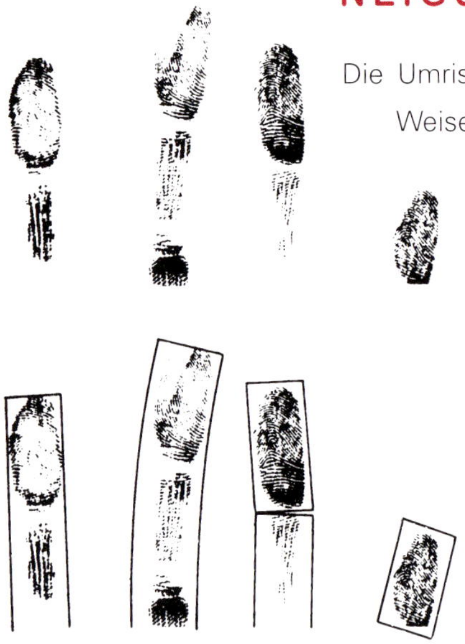

Gebogene Finger

Die Umrisse in dieser Abbildung zeigen auf dramatische Weise, wie stark sich Finger zueinander- oder auseinanderneigen können.

Jupiter neigt nach aussen

Ein Jupiterfinger, der sich auswärts neigt, gehört jemandem, der gerne denkt und unabhängig handelt. Ist diese Eigenschaft stark, handelt es sich um eine wirklich unangenehme Person, die anderen nicht zuhören will.

Neigt sich der Jupiterfinger zum Saturnfinger, haben andere Menschen zu viel Einfluss auf den Betreffenden. Er hört auf sie, weil er unsicher ist und deren Anerkennung braucht. Das macht es leicht für Leute mit einem stärkerem Charakter, denjenigen zu unterdrücken oder ihn dazu zu bringen, Dinge zu tun, die gar nicht gut für ihn sind.

Saturn und Apollo weichen auseinander

Ein V-geformter Spalt zwischen Saturn- and Apollofinger deutet auf eine unabhängige Person hin, die ein Rebel sein kann. Er hat feste Meinungen und eine kritische Zunge.

Hängen Saturn- und Apollofinger aneinander, braucht der Betreffende einen Job, der ihn ausfüllt und glücklich macht. Er muss an etwas arbeiten (Saturn), das ihn freut und mit Kreativität zu tun hat (Apollo). Er versucht eine Balance zwischen Familie, Beruf und seinem Glauben herzustellen und fühlt sich schuldig, wenn er versagt.

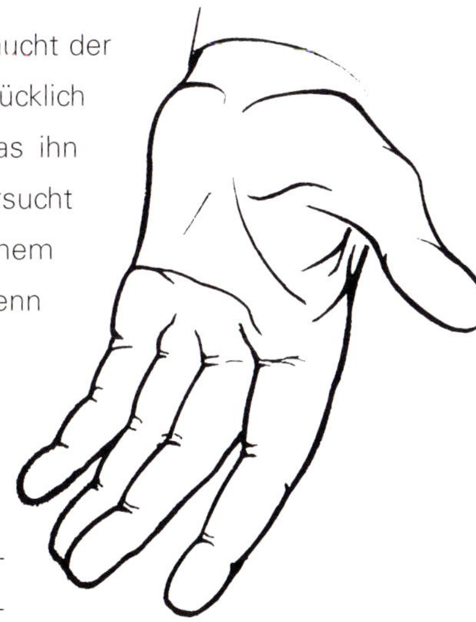

Saturn- und Apollofinger nahe beieinander

Merkur zieht weg

Wenn der Merkurfinger vom Apollofinger wegzieht, geht der Betreffende nur langsam eine Bindung in einer Beziehung oder Partnerschaft ein, aber er löst sie auch nur langsam. Biegungen und Knicke am Finger deuten auf Eigensinn hin.

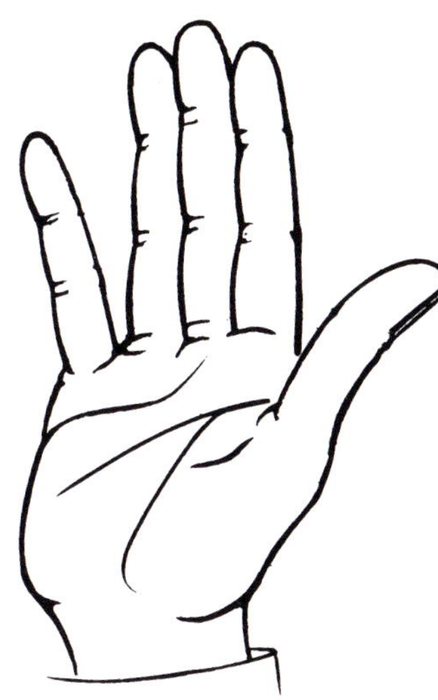

Merkurfinger zieht weg

LOCKERE ODER FEST GEKRÜMMTE FINGER

Ist jemand entspannt und zufrieden mit seinem Leben, sind seine Finger locker, aber wenn er verspannt ist, krümmen sich die Finger zur Faust. Hat er Angst, steckt er den Daumen in die Faust.

DIE LANGEN UND DIE KURZEN

Finger sind schwer einzuschätzen, wenn man sie nur einzeln betrachtet. Versuchen Sie auf den Handrücken zu schauen, das macht die Sache einfacher.

DIE VIER FINGER

Der Jupiterfinger

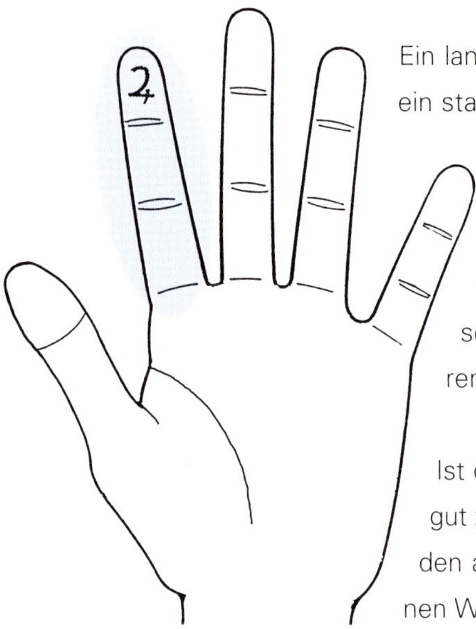

Ein langer Jupiterfinger weist auf Selbstverherrlichung, ein starkes Ego und Selbstmotivation hin. Er zeigt auch Unabhängigkeit, Führungsverhalten und genug Mut um Reden zu halten oder für eine Sache zu kämpfen. Der Betreffende wird sich nicht nach anderen richten und er kann streitsüchtig sein. Er arbeitet mit anderen, will sie aber anführen. Ist der Finger fett, kann er ein Tyrann sein.

Ist der Finger kurz, können andere den Betreffenden gut zu etwas überreden oder zwingen. Er versucht zu den anderen zu passen. Wahlweise geht er allein seinen Weg, arbeitet allein und erzielt Erfolg ohne andere zu kontrollieren oder zu organisieren. Neigt sich der Merkurfinger zum Saturnfinger, kann die Person ein guter Verkäufer sein, aber es muss sich beim Verkaufen um ein Produkt handeln, von dem er überzeugt ist.

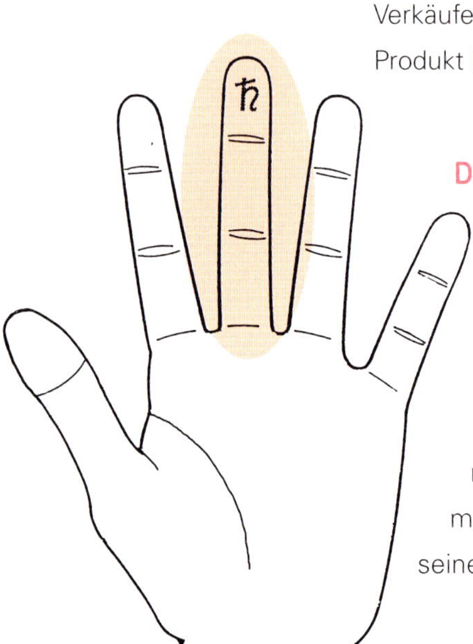

Der Saturnfinger

Ist der Saturnfinger lang, kann der Betreffende in einem höchst technischen Bereich arbeiten, in dem er seinen Intellekt unter Beweis stellen kann. Er spendet nicht freiwillig Geld, vor allem, wenn er eckige Fingernägel hat. Er kann ernst, mürrisch und knauserig sein. Er mag kein Arbeitsmensch sein, hat aber viel Verstand. Er verbringt seine Zeit mit studieren und nachdenken und kann ein guter Lehrer sein. Ist auch der Jupiterfinger lang, hat er starke religiöse oder philosophische Ansichten.

Ist der Saturnfinger kurz, hat die Person Talent zum Schauspielen oder für eine andere Art der Unterhaltung und Aufführung. Er kann ein Spieler, Trickbetrüger, Heiratsschwindler oder einfach nur jemand sein, der sein schauspielerisches Talent als ehrlicher und erfolgreicher Verkäufer einsetzt.

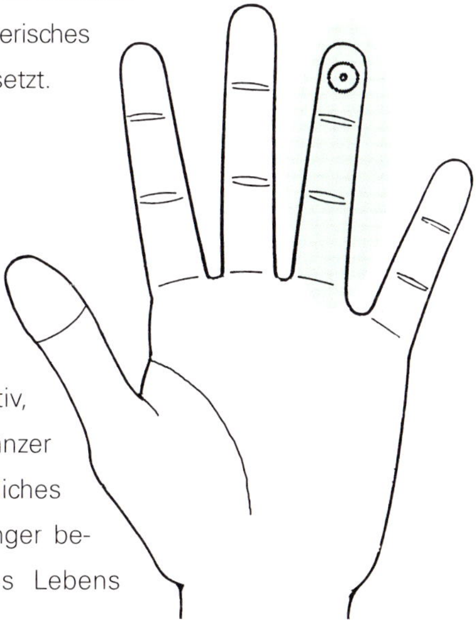

Der Apollofinger

Ein langer Apollofinger zeigt Sensitivität und Gefühle an. Die Person kann sexy und liebevoll sein und ihre Bedürfnisse und Gefühle liegen nahe an der Oberfläche. Sie ist kreativ, künstlerisch, musikalisch und kann ein guter Tänzer sein. Liebe, Familie und ein friedliches, glückliches Heim sind wichtig für sie. Ein kurzer Apollofinger besagt, dass diese angenehmen Aspekte des Lebens weniger wichtig sind als andere Dinge.

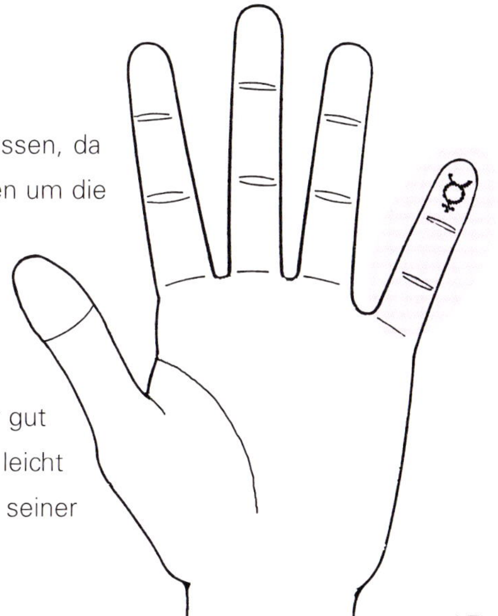

Der Merkurfinger

Es ist schwer, den Merkurfinger richtig zu messen, da er oft niedrig sitzt. Nehmen Sie ein Stück Faden um die Länge mit der des Jupiterfingers zu vergleichen. Ist der Merkufinger gleich lang wie der Jupiterfinger, ist er durchschnittlich oder lang.

Ein langer Merkurfinger gehört jemandem, der gut kommunizieren kann. Der Betreffende findet leicht Freunde. Er findet und behält Partner dank seiner

Fähigkeit zu sprechen, zuzhören und mitzufühlen. Die Person kann mit Maschinen und Arbeitsgeräten umgehen und logisch denken. Ein kurzer Merkurfinger bedeutet, dass sich der Betreffende schwer äußern kann. Das wird problematisch, wenn er versucht mit anderen zu kommunizieren, sowie in Liebes- und Sexangelegenheiten. Geistig Behinderte haben kurze und seltsam geformte Merkurfinger.

Neigt dieser Finger nach aussen, dann ist der Betreffende charmant. Ein nach innen geneigter Finger zeigt eine streitsüchtige oder schwierige Person. Beide Neigungen können Eigensinn bedeuten. Krümmt sich der Merkurfinger – fast so als würde man eine Teetasse halten –, kann die Person extrem dickköpfig sein.

Sind die zwei oberen Fingerglieder schmäler als das Basisglied, dann braucht die Person Zuneigung, Umarmungen und Sex als Teil ihres Lebens.

FINGERSPITZEN

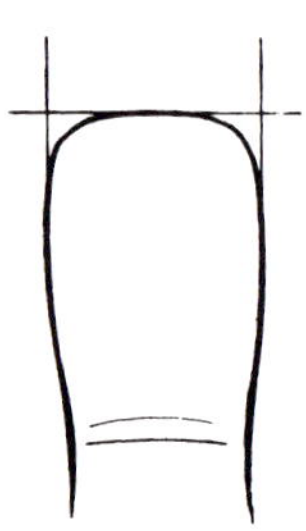

Eckige Fingerspitzen

So wie überall anders in der Handlesekunst bedeuten eckige Fingerspitzen Sachlichkeit, Ausdauer und eine kompromisslose Haltung. Sind die Finger dünn, hat der Betreffende eine Begabung, mit Zahlen zu arbeiten. Suchen Sie einen guten Buchhalter, überprüfen Sie die Basis des Merkurfingers. Kleine Linien an der Basis seines Fingers zeigen ein Talent für statistische Analysen und Mathematik an.

Schauen Sie auf die Fingernägel und überprüfen Sie, ob die Spitzen und die Basis auch eckig sind, denn das zeigt die

Tendenz an, alles entweder schwarz oder weiß zu sehen. Gibt es eine Abweichung zwischen Nagel und Fingerspitze, sind zwei verschiedene Charaktere vorhanden.

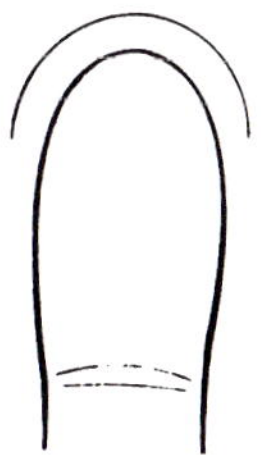

Runde Fingerspitzen

Rund

Runde Fingerspitzen repräsentieren Geselligkeit und den Bedarf an Vielfalt. Der Betreffende kommt gut mit Leuten aus und kann eine Gruppe unterhalten. Er ist großzügig und freundlich, aber auch ein wenig faul – oder vielleicht auch nur locker. Die beste Beschreibung für diese Person ist normal!

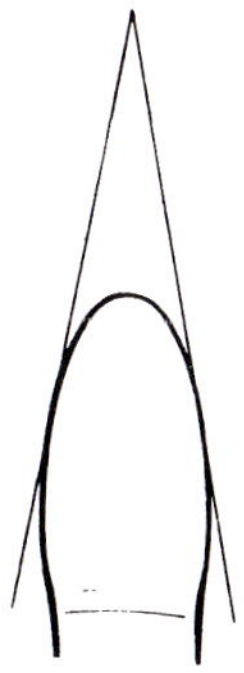

Spitze Fingerspitzen

Spitz

Spitze Fingerspitzen deuten Sensitivität und künstlerische Begabung an, aber diese Person wird manchmal nur schwer mit dem Leben fertig, vor allem, wenn die Fingerballen ziemlich flach sind. Sie ist leichtgläubig und kann leicht beeinflusst werden. Sie ist moralisch und idealistisch.

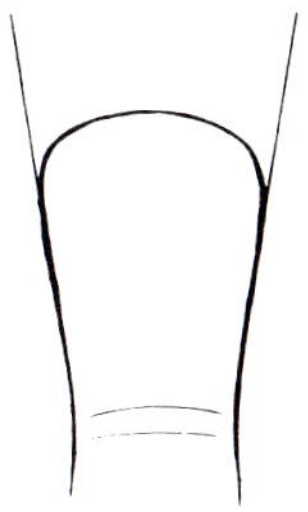

Spatelförmige Fingerspitzen

Spatelförmig

Die Person mit spatelförmigen Fingerspitzen ist originell, künstlerisch und musikalisch. Sie glaubt an sich selbst und kann sehr religiös oder spirituell sein. Trotz allem ist sie sehr Ich-bezogen und vielleicht auch streitsüchtig. Beide, die spitzen und die spatelförmigen Fingertypen, können in einem kreativen oder künstlerischen Bereich extrem erfolgreich sein, oder ein wenig zu träumerisch, um im Leben viel zu erreichen.

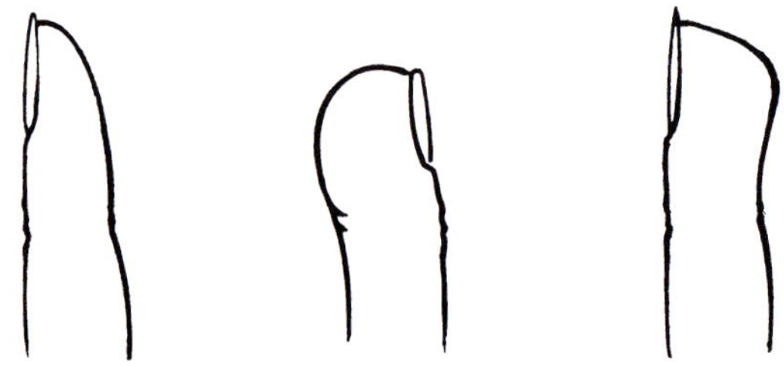

dünne Fingerspitzen | dicke Fingerspitzen | bauschige Fingerspitzenenden

DICKE ODER DÜNNE FINGERSPITZEN

Dicke, schwere Finger bedeuten weniger Intelligenz, aber mehr Energie. Diese Leute sind praktisch und setzen Ideen um. Dünnere Finger bedeuten geistige Energie, aber wenig körperliche Ausdauer – sie sind nicht fähig ihre Ideen umzusetzen. Tröpfchenförmige oder bauschige Fingerspitzenenden gehören Personen, die ein Auge für Design und ein Gefühl für Berührungen haben. Sie wollen alles mit den Fingern betasten, weil sie fast mit den Fingern sehen können.

FINGERNÄGEL

Die folgenden Regeln für Fingernägel sind denen der Fingerspitzen ähnlich. Eckige Nägel bedeuten Sachlichkeit, während jene, die vor allem an der Basis rund sind, Gesellig-

eckige Nägel | runde Nägel | fächerförmige Nägel | breite Nägel | schmale Nägel

keit, Großzügigkeit und Freundlichkeit bedeuten. Spitze Nägel, die auf jeder Seite Fleisch zeigen, deuten auf Sensitivität, Verletzlichkeit und ein gewisses Maß an Vorsicht hin. Breite Nägel erzählen von einer barschen oder tyrannisierenden Natur. Fächerförmige Nägel deuten Strebsamkeit und den Mangel an Interesse für die Gefühle anderer an.

FINGERABDRÜCKE

Interessanterweise benutzt die Polizei dieselben Fachausdrücke für Fingerabdrücke wie Handleser. Ich frage mich manchmal, ob sich Fingerabdruckexperten auch für Handlesen interessieren. Die häufigsten Muster sind Schlaufe und Wirbel, wobei die Schlaufe am häufigsten auftritt. Es ist nicht unüblich, dass eine Person auf allen Fingern und beiden Daumen eine Schlaufe hat. Ein komplettes Set Wirbel kommt viel seltener vor.

Der Bogen

Der Bogen oder eine Reihe gerader Linien über der Fingerspitze kommt selten auf allen Fingern vor. Der Bogen bedeutet, dass die Person eher gewöhnlich ist und ihr Leben lang hart arbeiten wird. Es zeigt auch, dass es der Person an Vertrauen fehlt, vor allem wenn der Bogen am Jupiterfinger oder am Daumen vorkommt.

Bogen

Der überdachte Bogen

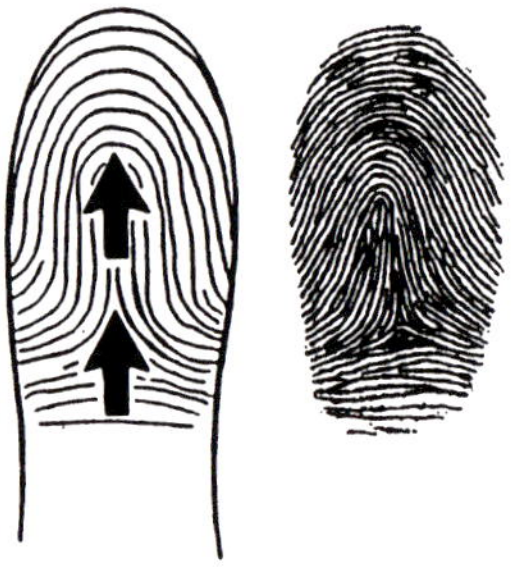

Überdachter Bogen

Der überdachte Bogen weist auf eine zwanghafte, besitzergreifende und fanatische Natur hin und der Finger, auf dem er auftritt, zeigt, wo diese Natur liegt. Überdachte Bögen erscheinen auf Händen von denjenigen, die sich verlieben und mit aller Macht an der Beziehung festhalten, auch wenn sie schon vorbei ist. Das ist vor allem so, wenn der überdachte Bogen auf Apollo oder Merkur liegt. Bögen beinhalten einen Teil an selbst verursachtem emotionalem Leid, das eine Person lästig und selbstmitleidig machen kann.

Die Schlaufe

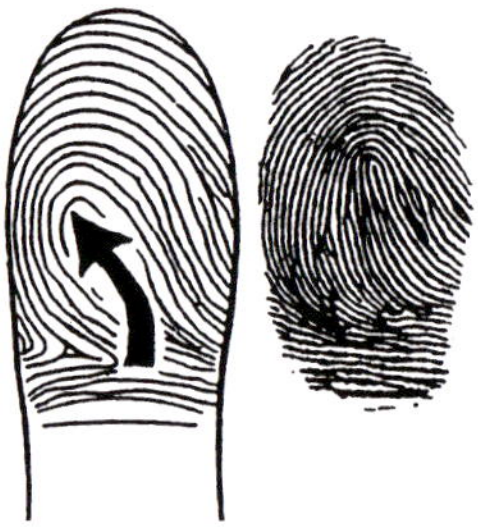

Die Schlaufe ist der häufigste Fingerabdruck

Schlaufen gehören zu einer normalen Person, die Vielfalt im Leben liebt und das Zusammensein mit anderen genießt. Sie werden auch „Ellen-Schlaufen" genannt, wenn sie vom Finger an der Außenseite der Hand kommen oder „radiale Schlaufen" wenn sie von der Daumenseite kommen. Ellen-Schlaufen sind häufig, während radiale Schlaufen normalerweise am Jupiter und selten am Saturn vorkommen. Eine radiale Schlaufe am Jupiter steht für Führungsqualitäten und Rechthaberei. Tritt sie am Saturn auf, ist die Person geschickt mit den Händen.

Der Wirbel

Wirbel sind der zweithäufigste Fingerabdruck

Ein Wirbel repräsentiert Unabhängigkeit, Entschlossenheit, eine draufgängerische Haltung und Selbstsucht in dem Lebensbereich, der durch den fraglichen Finger definiert wird. Ein Wirbel auf einem oder zwei Fingern weist auf Talent in dem Bereich, den der Finger betrifft, hin. Wirbel auf allen Fingern treffen auf eine Person zu, die sehr geschäftstüchtig ist oder als Kind reicher Eltern geboren wurde.

Das Pfauenauge

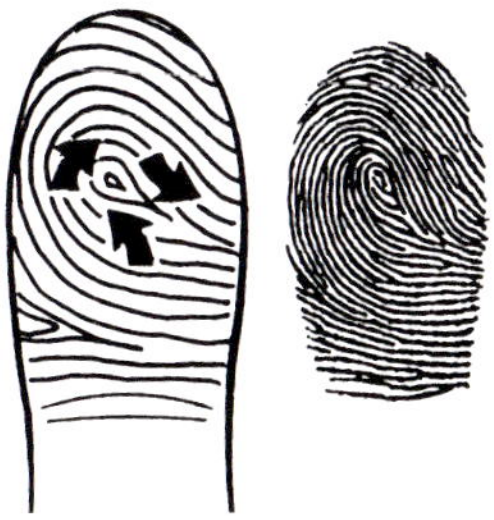

Pfauenauge

Das Pfauenauge weist auf Talent hin. Es tritt normalerweise am Apollofinger auf und zeigt künstlerisches und musikalisches Talent an, aber möglicherweise auch eine Neigung für Heimarbeit, Kunsthandwerk und Gartenarbeit. Erscheint es am Merkur, deutet es auf die Gabe für Schauspielkunst, öffentliches Reden oder das Schreiben hin. Die Person kann ein ausgezeichneter Berater, eine Krankenschwester oder ein Pflegehelfer sein. Ein Pfauenauge am Saturnfinger zeigt Talent in praktischen Dingen, wie technischem Zeichnen, Tischlerarbeiten, Maschinenbau, Bauarbeiten und Bauwesen.

Gemischt

Vom gemischten Fingerabdruck spricht man, wenn eine doppelte Schlaufe oder ein doppelter Wirbel vorliegt. Diese Person hat Schwierigkeiten Entscheidungen zu treffen, weil Logik und Intuition gleichzeitig arbeiten und das kann zu Verwirrungen führen.

5

DIE FINGERGLIEDER

Die Knochen zwischen den Finger- und Zehengelenken werden Glieder genannt. Es gibt vierzehn Glieder an jeder Hand: drei an jedem Finger und zwei am Daumen.

Die obersten Glieder (Fingerspitzen eingeschlossen) zeigen, wie jemand denkt. Sind sie lang, dann hat die Person einen regen Verstand. Ein fettes oberes Glied zeigt mentale Energie, die in manch nützliche Absicht gelegt wird, aber die Energie kann auch beim Argumentieren verbraucht werden.

Die mittleren Glieder zeigen, wie jemand seine Gedanken umsetzt. Sind sie lang, kann er nach seinen Ideen handeln. Sind sie dünn, denkt er so lange nach, dass er aufs Handeln vergisst. Sind sie dick, handelt er ohne nachzudenken.

Die unteren Glieder zeigen das Bedürfnis nach Sicherheit und Komfort. Sind sie lang, bemüht sich der Betreffende sein Leben komfortabel zu machen. Sind sie fett, braucht er finanzielle und emotionale Sicherheit. Sehr dicke und kurze untere Glieder sind für eine Person signifikant, die mehr isst als sie braucht, was vermutlich auf eine angeborene Angst vor dem Verhungern zurückzuführen ist.

VERTIKALE LINIEN

Manchmal können Sie kleine vertikale Linien an den Fingern sehen. Diese Linien bedeuten, dass die Person übermüdet ist und vermutlich Dinge übertreibt. Horizontale Linien bedeuten, dass er mehr Verantwortung hat, als er auf sich nehmen kann. Verbessert sich das Leben, verschwinden die Linien. Horizontale Linien an den Fingerspitzen lassen auf ein hormonelles Ungleichgewicht schließen oder auf einen vorübergehenden Wechsel im Bereich der Hormone.

HIERAUF SOLLTEN SIE ACHTEN

Liegen die Finger an der Basis weit auseinander und sind sie weit gespreizt, dann hängt derjenige nicht am Geld.

Personen, deren Fingerspitzen nach oben zeigen, neigen dazu, für die Öffentlichkeit zu arbeiten. Sie lieben es, anderen Menschen zu helfen, und so haben Krankenschwestern, Sozialarbeiter, Arbeitsvermittler und andere, die der Öffentlichkeit helfen, solche Finger.

Finger, die an der Basis beweglich sind, weisen auf jemanden hin, der gerne Reisen macht, Szenenwechsel liebt und eine flexible und anpassungsfähige Persönlichkeit ist.

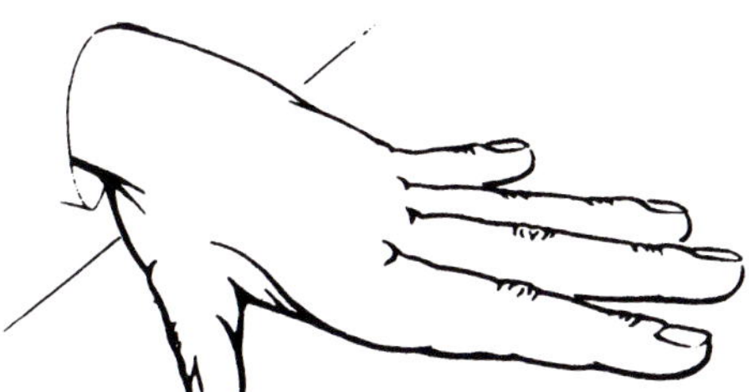

unbeweglich

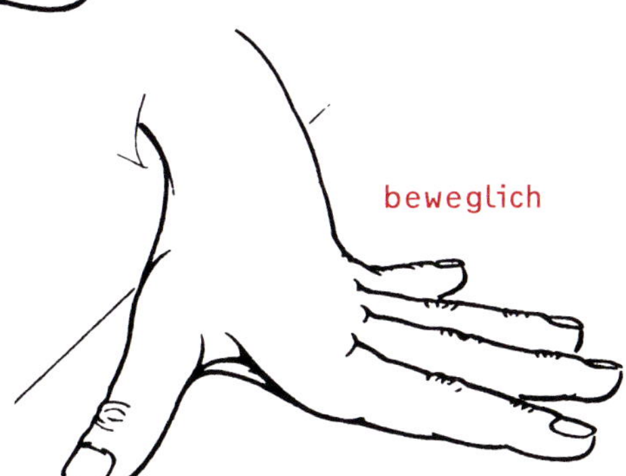

beweglich

DER DAUMEN

Viele der Regeln, die auf die Finger zutreffen, treffen auch auf den Daumen zu. So lässt eine quadratische Spitze auf praktische Veranlagung schließen, eine runde auf Geselligkeit, eine spitze auf eine sensible und idealistische Natur und eine spatelförmige auf Unabhängigkeit.

Ein stark ausgeprägter Daumen deutet auf Entschlossenheit, Zielstrebigkeit, innere Festigkeit und Leistungsstärke hin. Die Person kann ein erfolgreicher Sportler, ein Unternehmer, ein ehrgeiziger Verkaufsangestellter oder nur eine starke, energiegeladene Persönlichkeit sein. Ein schwach ausgeprägter Daumen bedeutet einen Mangel an Ausdauer und an Desinteresse mit anderen zu konkurrieren.

Wenn Sie beiläufig auf den Daumen schauen, während Sie sich unterhalten, schauen Sie auf den Besitzer und urteilen Sie, ob die Eindrücke, die Sie erhalten, zu dem passen, was Sie auf der Hand sehen. Sie werden bemerken, dass eine Person mit stärkerem Daumen selbstbewusster erscheint als eine Person mit schwächerem Daumen. Leider kann eine Person, die stark erscheint, auch sehr aufbrausend sein und es kann ihr an innerer Stärke fehlen, während hingegen ein schwächerer Daumen auch zu einer ruhigen Person gehören kann, die Dinge angeht und auch zu Ende bringt.

Stellung und Neigung

Wenn der Daumen niedrig sitzt, kann er weit geöffnet werden; das steht für eine offene Natur. Im Gegensatz dazu deutet ein Daumen, der hoch sitzt und nur ein wenig mehr

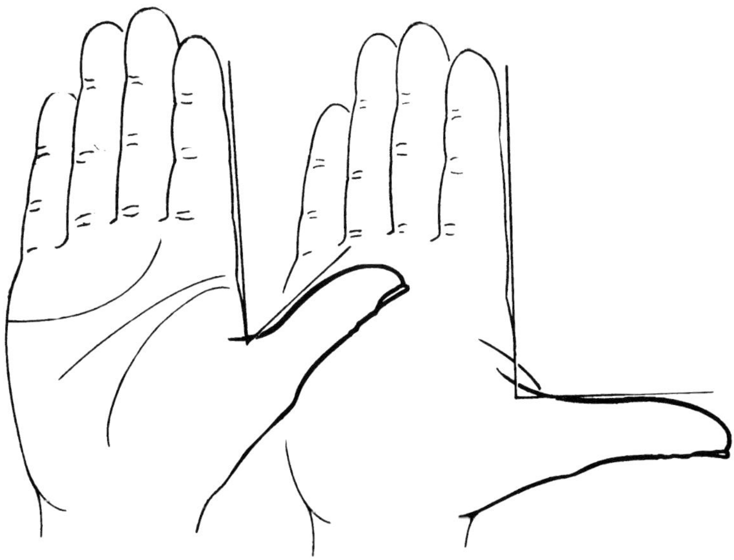

Hoch und niedrig gestellter Daumen

als im 45-Grad-Winkel geöffnet werden kann, auf eine Person hin, die schüchtern, introvertiert und verschwiegen ist.

Ein großes Fingergelenk an der Basis des Daumens steht für den Bedarf an körperlicher Betätigung, wie Sport, Leichtathletik, Tanzen oder Training im Fitnessclub. Ist der Daumen dünner, aber das Gelenk hervorstehend, ist der Betreffende mehr ein Beobachter als ein Teilnehmer.

Ein gelenkiger Daumen, der sich an der Basis leicht bewegt, gehört jemandem, der leicht ausgenutzt oder herumkommandiert wird. Muskeln und Bänder werden an der Basis des Daumens mit der Zeit weniger flexibel, was bedeutet, dass wir im späteren Leben schlechtes Benehmen von anderen Leuten weniger hinnehmen. Ein ungelenker Daumen gehört zu einer Person, die komplett auf ihrem Standpunkt beharrt und sehr unnachgiebig ist.

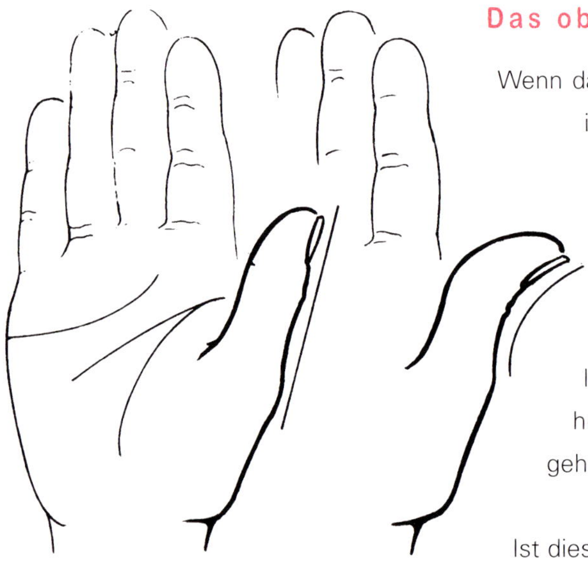

biegsame Daumen

Das obere Fingerglied

Wenn das obere Glied überwiegt, dann ist der Betreffende entschlossen, energisch und bestimmt. Auch wenn der Daumen nicht groß ist, deutet ein gesund aussehendes Kugelgelenk auf Stärke, Willenskraft und die Entschlossenheit, seinen eigenen Weg zu gehen, hin.

Ist dieses Glied abgerundet und mittelgroß, dann ist die Person kooperativ und freundlich. Wenn es flach ist, fehlt es dem Besitzer an Körperkraft, sodass er Charme und Anpassungsfähigkeit benutzt um zu überleben. Er verbiegt sich komplett in seinem Wunsch nach Anerkennung.

Ist die Nagelseite gekerbt oder löffelförmig, lässt der Betreffende nicht locker, bis er bekommt, was er will.

Manchmal ist das obere Glied nach hinten geformt. Das ist das Zeichen für jemanden, der Schauspieler ist oder sich oft als Teil seines Jobs verstellt. Der Betreffende kann andere manipulieren und sie glauben ihm alles, was er erzählt, oder kaufen alles, was er verkaufen möchte. Er kann faul und leicht gelangweilt, aber auch impulsiv sein. Er geht in ein Geschäft, weil er eine bestimmte Sache kaufen will, und kommt mit einer völlig anderen Sache wieder heraus. Ist das zweite Glied kurz, denkt er nicht nach, bevor er handelt. Er kann auch selbstsüchtig und untreu sein.

Die Daumenabdrücke folgen auch den Regeln der Handlesekunst: Ein Wirbel deutet auf Willenskraft, Entschlossen- heit und Unabhängigkeit hin. Eine Schlaufe weist auf einen gewöhnlichen, sozialen Charakter hin, der es genießt, Teil eines Teams zu sein. Ein Bogen gehört zu einem hart arbeitenden Menschen, der Armut fürchtet. Ein überdachter Bogen deutet auf eine Person hin, die fanatisch und zwanghaft werden kann. Das Pfauenauge kommt auf dem Daumen selten vor und bedeutet Begabung. Die doppelte Schlaufe oder der doppelte Wirbel bedeuten Intuition, Logik und übersinnliche Fähigkeiten – und Unentschlossenheit.

Das untere Fingerglied

Das zweite Glied ist das Glied der Logik. Ist es lang, denkt der Betreffende, bevor er handelt, und ist es kurz, handelt er instinktiv. Ein dünnes, in der Mitte schlanker werdendes Glied deutet auf einen logischen Verstand und auf eine Person, die gründlich nachdenkt, hin – vor allem, wenn das Glied auch sehr lang ist. Es bedeutet auch, dass diese sensible Person von anderen gemocht werden will.

Eine logische und sensible Natur

Linien, die quer über das Glied laufen, bedeuten Übermüdung, unstabiles Privatleben oder viele Umzüge und Ortswechsel. Wenn sich das Leben wieder verbessert, verschwinden diese Linien.

6

DIE GRÖSSEREN LINIEN

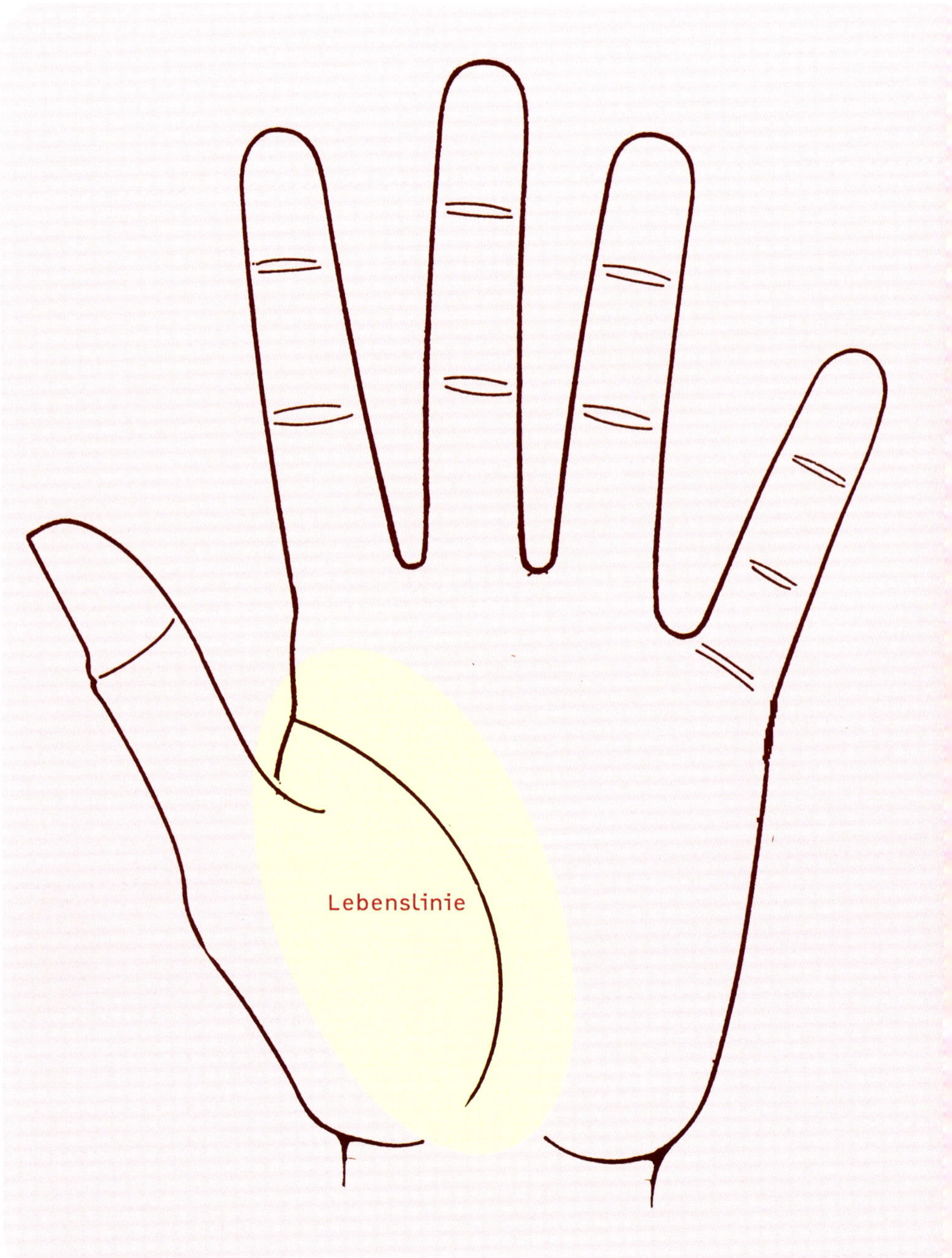
Lebenslinie

DIE LEBENSLINIE

Vor Jahrhunderten haben es Handleser geliebt, über Linien auf der Hand zu sprechen und haben ihnen Namen und Eigenschaften gegeben. Linien werden von den Nervenendigungen kontrolliert. Sie geben einen physikalischen Computerausdruck vom Leben und der Entwicklung jedes Einzelnen von uns. Die Linien zeigen unsere Prioritäten und den Wert, den wir uns und unseren Aktivitäten geben, an. Sie heben die Umwelteinflüsse auf uns hervor, zeigen unsere Reaktionen anderen gegenüber an und weisen auf die Gefühle gegenüber Partnern, Familie und Freunden hin. Sie zeigen den Weg zu einer Karriere oder einem Beruf genauso an wie unsere Fähigkeit, damit umzugehen.

Wir haben schon über den Venusberg geredet, den Bereich, der von der Lebenslinie umschlossen wird – aber was ist mit der Lebenslinie selber? Sie kann sich eng an Venus schmiegen oder bis zur Handmitte reichen. Sie kann am Ende gegabelt sein, mit einem Zweig, der sich anschmiegt, und einem, der sich wegstreckt, oder sie kann eine völlig andere Form haben. Gehen wir das Schritt für Schritt durch.

Eine lange Lebenslinie, die sich weit beugt und einen großen Venusberg bildet, zeigt Leidenschaft und den Wunsch, das Leben voll auszukosten, an – aber der Nachteil ist, dass diese Person eigensinnig ist und zur Launenhaftigkeit neigt. Ist die Linie gerader und bildet einen kleineren Venusberg, dann ist die Person sanfter, weniger leidenschaftlich und ausgeglichener. Sie denkt und träumt mehr, als Dinge umzusetzen oder Energie ins „Geldmachen" zu stecken. Läuft die Linie rund zur Basis des Daumens, dann sind häusliches Leben und Besitztümer wichtig. Die Person ist bestrebt, nahe der Arbeit oder am Arbeitsplatz selbst zu wohnen.

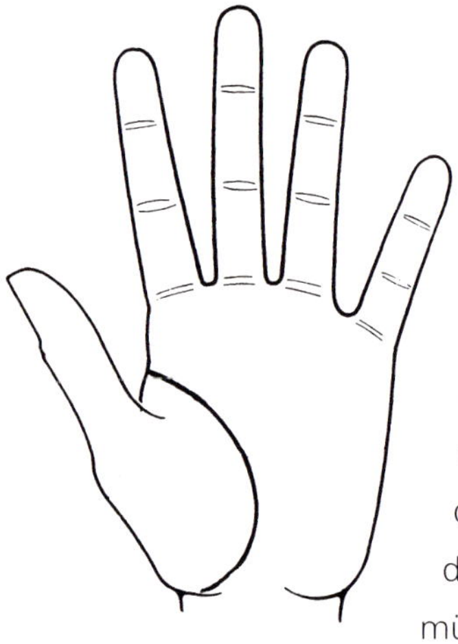

Diese Person interessiert sich für häusliches Leben und Familienleben. Sie interessiert sich nicht so sehr fürs Reisen oder dafür, sich in der Welt einen Namen zu machen, obwohl das von der Höhe des Venusbergs abhängt, denn diese deutet darauf hin, dass er sich anstrengen wird, so viel Geld zu verdienen, wie er unbedingt haben will. Eine Frau mit so einer Lebenslinie kann der naturbezogene Muttertyp sein, der sein eigenes Gemüse anbaut und sich nur um Heim und Familie kümmert.

Eine weit gebogene Lebenslinie

Eine wandernde Linie

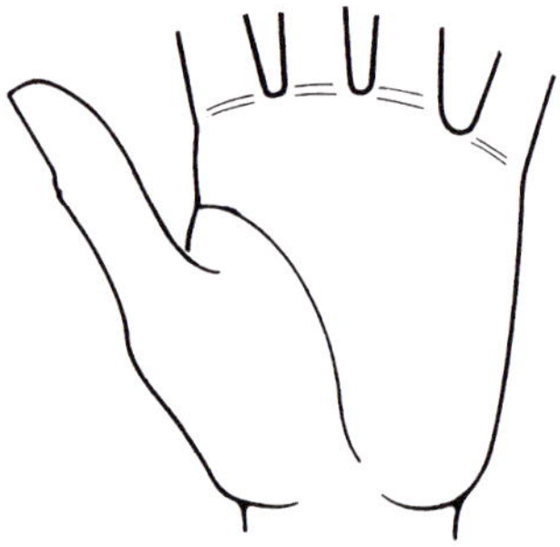

Wandert die Linie an der Hand Richtung Mond, ist der Betreffende arbeitsorientiert und reist viel aus geschäftlichen Gründen oder zum Vergnügen. Er wird bei seiner Arbeit, die er zugunsten von Fremden oder der Öffentlichkeit durchführt, viele Menschen kennenlernen. Er wird auch seine Kreativität, Fantasie und Intuition als Teil seines Jobs verwenden.

Eine wandernde Linie

Gegabelte Linien

Die meisten Menschen haben eine Art Gabel am Ende der Lebenslinie – das ist im ersten Fall, wenn die Linie in einem Stück ist. Eine Gabel bedeutet hier eine Kombination von Familienleben, Karriere, Reisen und einer Vielzahl anderer Interessen.

Eine schmale Gabel bedeutet, dass es einen langen Kampf gibt, mit zwei Anforderungen auf einmal. Sie ist typisch für eine alleinerziehende Frau. Manchmal ist diese Gabel so lang und schmal, dass sie zu einer zweiten Lebenslinie wird.

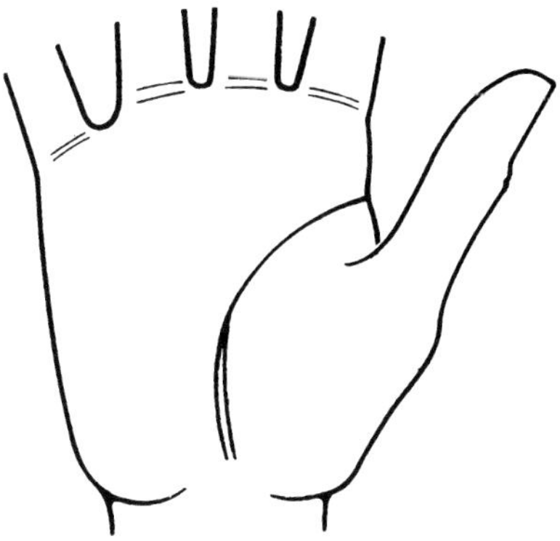

Das Leben ist für diese Person ein Kampf

Kurze Lebenslinien kommen oft vor und werden zum Teil von der Schicksalslinie aufgenommen. Anderenfalls enden sie plötzlich und beginnen weiter unten an der Hand von Neuem.

Suchen Sie nach Traumata, Scheidung, Arbeitslosigkeit, einem Landeswechsel oder einem anderen größeren Ereignis. Erscheint eine neue Linie weiter unten an der Hand, zeigt es, dass der Betreffende sich wieder eingewöhnt hat oder wieder auf eigenen Füßen steht. Es kann auch ein Hinweis auf die Erholung von einer langen Krankheit, Alkoholismus oder Drogenproblemen sein.

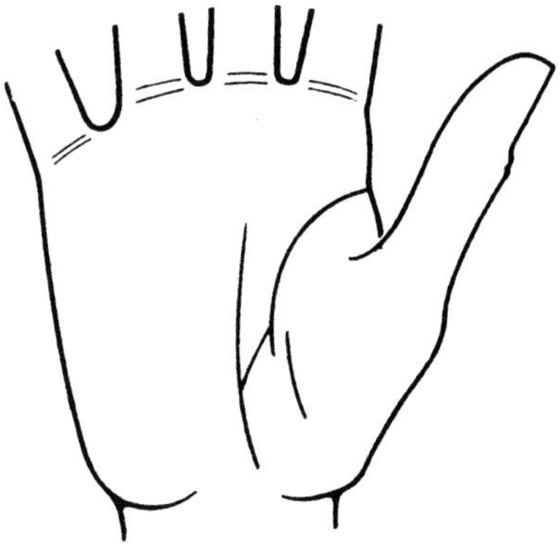

Das ist kein Zeichen für einen frühen Tod

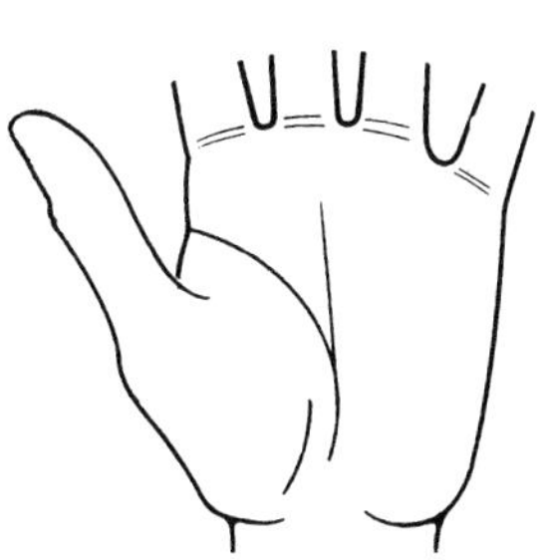

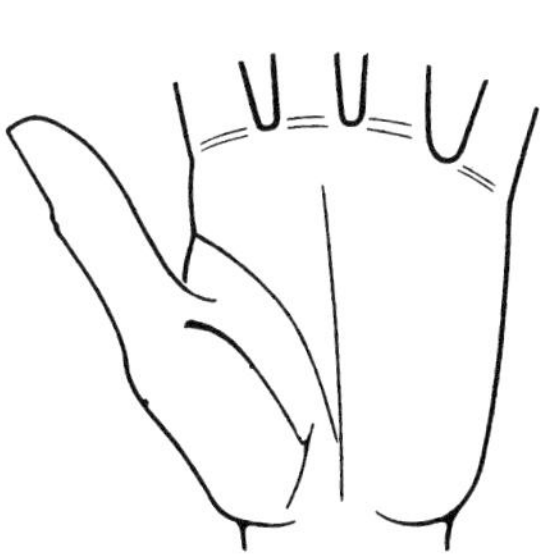

Eine gestörte Lebenslinie bedeutet einen Wandel des Schicksals

Der Ausgangspunkt

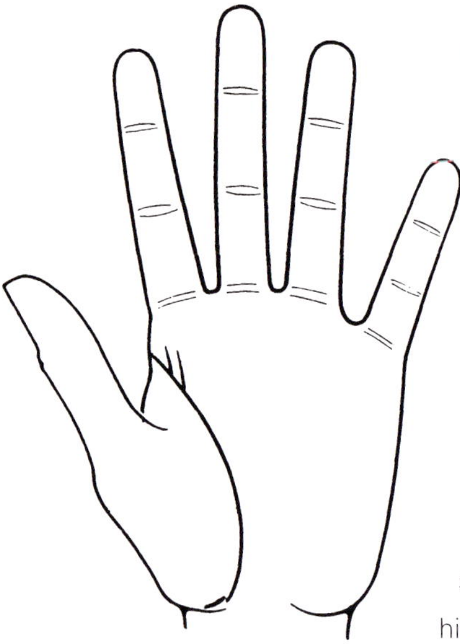

Ein Idealist und Perfektionist

Die Linie kann hoch oben an der Hand beginnen, manchmal mit einem oder zwei Ästen, die zum Jupiterberg reichen. Das weist auf Idealismus und eine coole, logische Persönlichkeit hin, die auch ein Perfektionist ist. Beginnt sie weiter unten, zeigt es eher eine praktische und soziale Haltung an, mit starken Emotionen, die zu einer energiegeladenen Persönlichkeit gehören.

Ist der Ausgangspunkt chaotisch, dann war das frühe Leben problematisch. Inseln können auf gesundheitliche Probleme oder emotinale Traumata hindeuten. (Überprüfen Sie die Schicksalslinie). Eine dünne Linie, die von der Lebenslinie abfällt, kann auf den Verlust einer geliebten Person in der Kindheit oder Jugend hindeuten – durch Scheidung, Tod oder andere Umstände.

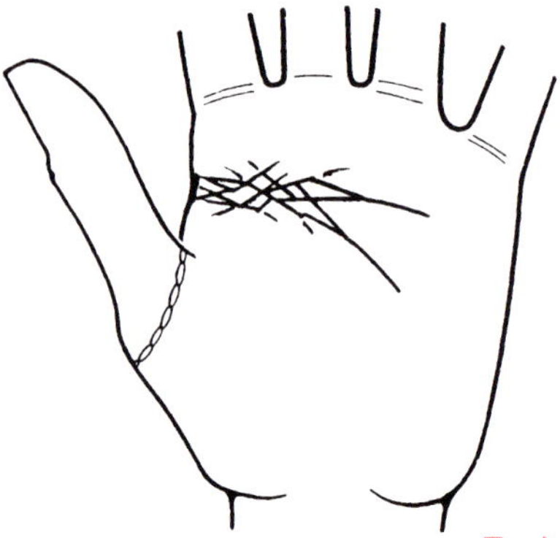

Die frühen Jahre sind problematisch

Eine schnelle Möglichkeit, die Geschehnisse der Jugend aufzuspüren, ist, eine imaginäre Linie von der Mitte des Saturnfingers zur Lebenslinie zu ziehen. Der Teil der Linie, der vor dem Punkt, an dem sie sich treffen liegt, betrifft die ersten 18–21 Jahre.

Zeichen auf der Lebenslinie

Erkennen Sie einen Bruch in der Linie, eine Insel, einen Schranken, der quer über der Linie liegt, oder eine andere Störung, dann überprüfen Sie beide Hände, denn Traumata lassen sich meist an der schwächeren Hand besser erkennen. Findet sich ein Zeichen an beiden Händen, dann ändert sich das Leben des Betreffenden sowohl im praktischen als auch im emotionalen Bereich, oder es gilt, ein gesundheitliches Problem zu überwinden. Eine lange, enge Insel zeigt eine Periode von bewusster Selbstaufopferung an. Das bedeutet, dass man die eigenen Wünsche wegen der Ausbildung der Kinder oder der Arbeit, die man ausübt, damit der Partner studieren kann, beiseite schiebt. Außerdem hat man in dieser Zeit wahrscheinlich wenig Geld.

Aufsteigende Linien

Linien, die von der Lebenslinie aufsteigen, zeigen Selbstmotivation und Einsatz. Beobachten Sie, zu welchem Berg diese Linien ziehen, denn das wird Ihnen verraten, was die Person zu erreichen versucht. Linien, die absteigen, zeigen, dass der Betreffende etwas aufgegeben hat. Sie können auch andeuten, dass eine Situation vorbei ist und geendet hat. Einer aufsteigenden Linie folgt oft eine Insel. Das bedeutet, dass die Person eine lange, harte Zeit durchgemacht hat, dann erfolgreich Einsatz gezeigt und die Probleme bewältigt hat.

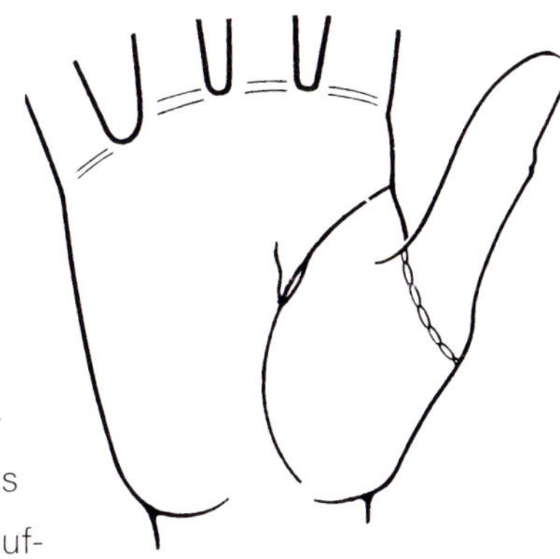

Ein Neustart nach einer harten Zeit

Schattenlinien

Handleser haben verschiedene Namen für diese Linien – die Marslinie, die Medianlinie, Schwesterlinien, Schattenlinien usw. Manchmal gibt es zwei klare Linien hinter der Lebenslinie; manche Handleser nennen die eine Mars- und die andere Medianlinie. Das wird so kompliziert, dass ich dazu neige, die Linien Schattenlinien zu nennen.

Schattenlinien zeigen die Erholung von Krankheiten oder Unfällen an und außerdem sind Personen, die diese Linien haben, weniger anfällig für Krankheiten oder Virusinfektio-

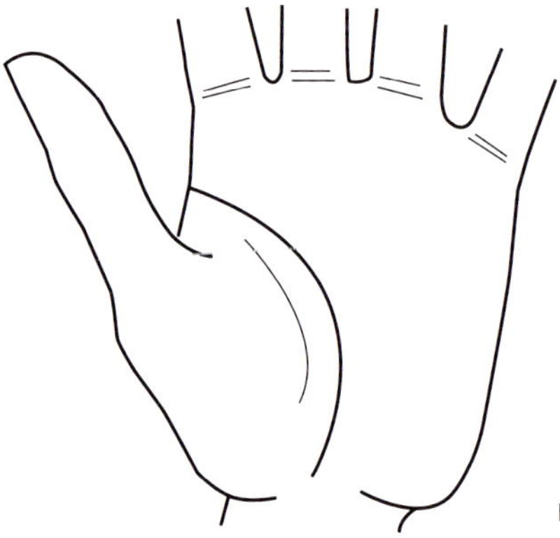

Schattenlinien sind willkommene Zeichen

nen. Sie können auch spirituellen Schutz anzeigen – oder ein Leben bei der Armee.

Kleine Tüpfchen auf der Lebenslinie bedeuten, dass etwas mit der Wirbelsäule oder den umgebenden Muskeln, Bändern und Geweben nicht in Ordnung ist. Bandscheibenvorfälle oder ähnliche Probleme sind oft der Grund. Tüpfchen nahe des Ausgangspunkts deuten auf Nackenprobleme hin und die Probleme ziehen sich abwärts entsprechend der Position der Tüpfchen. Sind sie unten auf der Linie, zeigen sie Probleme mit Hüften und Beinen oder mit der Lendenwirbelsäule und dem Steißbein an.

Das Ende der Linie

Die Lebenslinie kann jäh enden, Kästchen formen oder im Sand verlaufen. Ein jähes Ende weist darauf hin, dass die Person bis zum Ende fit sein wird, während die anderen beiden Formen anzeigen, dass es die letzten Lebensjahre an Gesundheit fehlen wird. Es ist klug, das obere Ende der Hand gleich neben den Fingern zu überprüfen. Linien, die zu den Fingern reichen, bedeuten, dass der Betreffende ein langes Leben hat. Sind diese Stellen leer, kann das daher kommen, dass die Person noch jung ist und sich die Linien erst entwickeln müssen.

DIE KOPFLINIE

Die Kopflinie hängt mit dem Verstand einer Person, seinen Haltungen, der Ausbildung, dem Berufsweg und zum Teil mit finanziellen Angelegenheiten zusammen. Die Kopflinie beginnt an der Daumenseite der Hand und zieht sich mehr

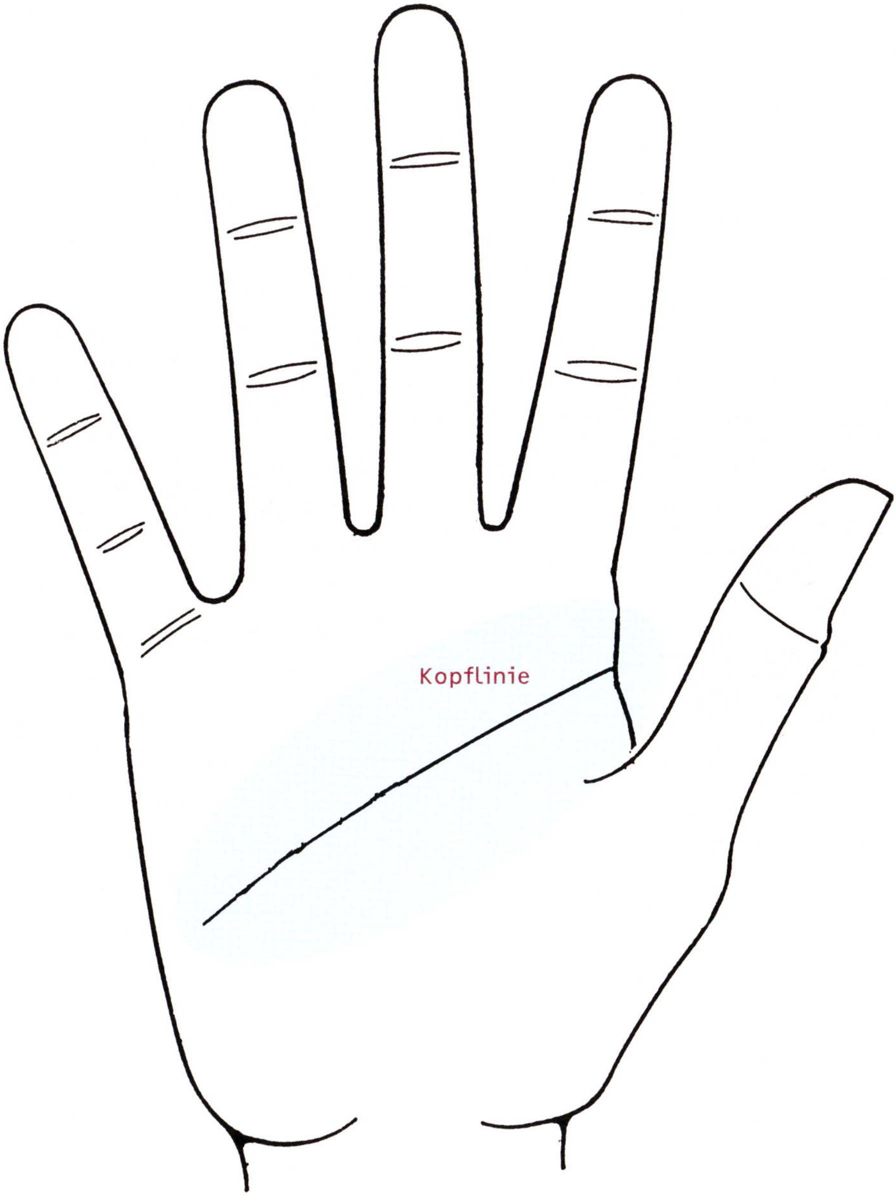
Kopflinie

oder weniger über die Handfläche. Die Ausgangs- und Endposition kann enorm variieren und einfach normal sein. Ist die Lebenslinie dünn, aber die Kopflinie stark, dann kann die Person schwache Gesundheit oder andere Probleme bewältigen.

Der Ausgangspunkt der Kopflinie

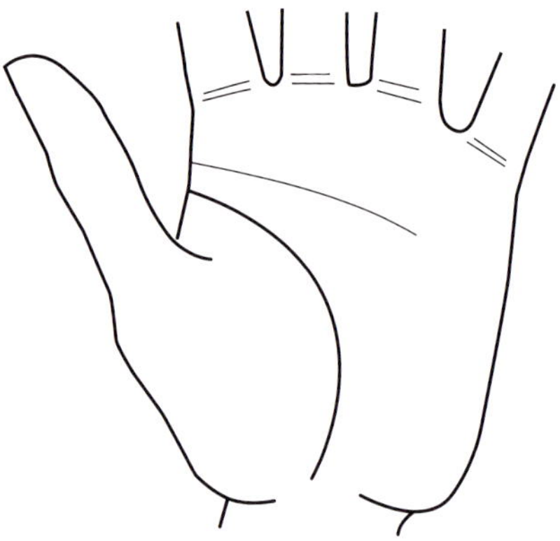

Gebundene oder freie Kopflinien

Die Kopflinie beginnt an der Daumenseite und kann an die Lebenslinie angrenzen oder von ihr unabhängig sein. Sie läuft dann horizontal oder diagonal über die Hand.

Altmodische Handleser behaupten, dass eine Kopflinie, die an die Lebenslinie gebunden ist, bedeutet, dass der Betreffende nur langsam erwachsen wird und nicht auf eigenen Füßen stehen kann, während ein breiter Spalt zwischen den Linien bedeutet, dass derjenige für sich selbst denken kann und sehr unabhängig ist, obwohl er noch so jung ist. Das heißt aber nicht, dass die „gebundene" Person zu Hause sitzt, bis sie das mittlere Alter erreicht, wähend die „freie" das Haus verlässt, wenn sie noch zu jung ist. Wie auch immer, eine „gebundene" Person wird von den Eltern beherrscht, während die „freie" ein gutes Verhältnis mit der Familie hat, voll von gegenseitigem Respekt.

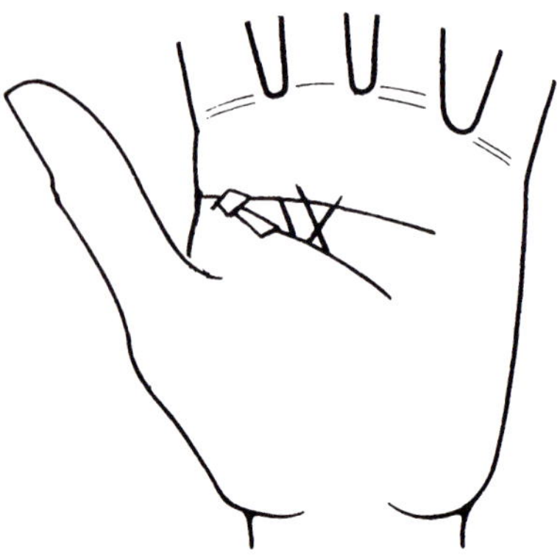

Verstrickter Anfang der Kopf- und Lebenslinie; frühes Elend

Ein chaotischer Bereich zwischen Kopf- und Lebenslinie, der an dem Punkt, an dem sie sich treffen, wie verstrickt aussieht, heißt, dass der Betreffende die Schule gehasst hat. Oder er hat sie geliebt, weil sie die Rettung vor einer unterdrückenden Familie oder familiären Problemen war.

Gerade, schiefe oder gebogene Kopflinien

Eine gerade Linie, die sich quer über die Hand zieht, zeigt einen logischen Verstand und eine Vorliebe für Mathematik, Wissenschaften, Computer, bildnerisches Gestalten, Buchhaltung, Ingenieurswesen und ähnliche praktische Dinge an. Der Betreffende kann ein technisches Genie sein. (Suchen Sie also nach einem hohen Jupiterberg und einem langen Merkurfinger für die Lehrfähigkeit).

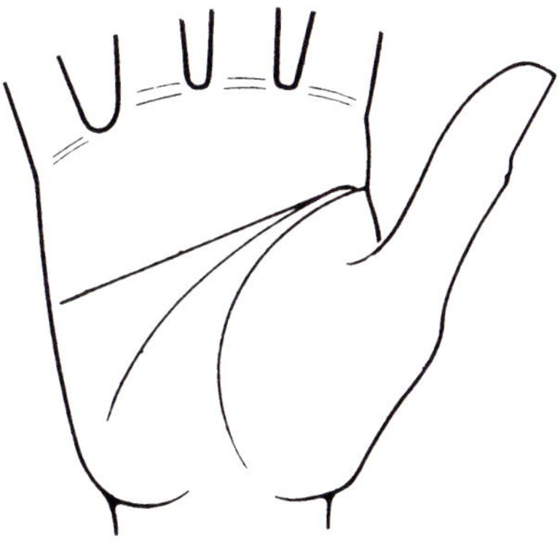

Die Kopflinie kann gerade oder gebogen sein

Ist die Linie gerade und kurz, dann ist er in eine bestimmte Sache versunken. Er kann sein Interessensgebiet in jede Konversation einfließen lassen. Ein anderer Effekt einer kurzen Kopflinie ist, dass sich der Betreffende nicht darum kümmert, über etwas nachzudenken oder etwas zu analysieren, sondern einfach durchs Leben geht, ohne irgendeine geistige Leistung zu vollbringen.

Eine Linie, die schief zum Mond abfällt, zeigt kreative Fantasie. Der Betreffende kann sein praktisches, kreatives und erfinderisches Geschick miteinander verbinden und ein nützliches Maß an Intuition haben.

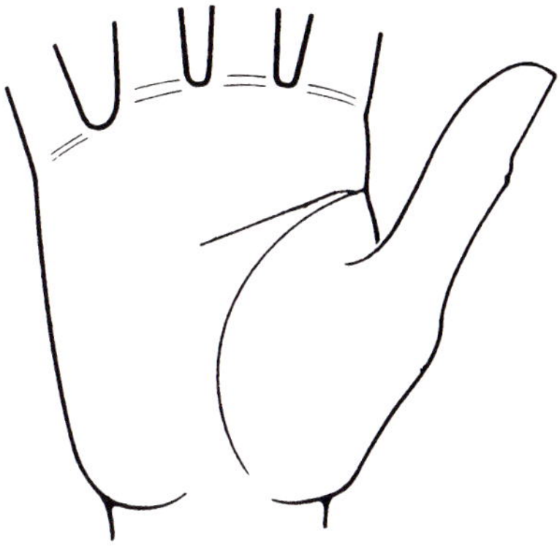

Das Zeichen des Experten

Eine gerade Linie, die sich plötzlich am Ende nach unten biegt, gehört einer Person, die leicht die Beherrschung verliert oder extrem sarkastisch ist.

Eine lange Kopflinie weist auf eine Person hin, die nie zu lernen aufhört. Ist die Linie gerade, sind ihre Studien auf den Zeitpunkt bis zum Beruf hin begrenzt. Biegt sie sich oder fällt sie ab, sind die Vorlieben sehr verschieden. Er-

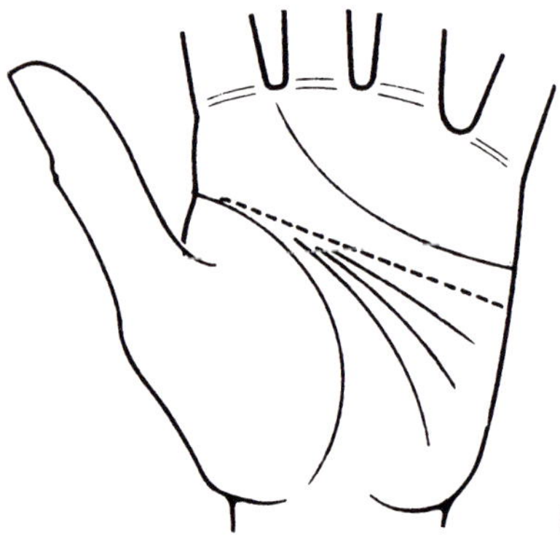

Kopflinien können sich wenig oder viel biegen

reicht die Linie die Handkante, kann die Person mit fremdländischen Völkern und Kulturen zu tun haben, wahrscheinlich in Verbindung mit ihrer Arbeit.

Eine gebogene oder abfallende Kopflinie, die sich an den Mond lehnt, sagt uns, dass der Betreffende eine starke Vorstellungskraft hat. Das kann etwas über seine Denkweise, seine Bildung und Berufswahl und sein Einfühlungsvermögen verraten. Er kann sich für Reisen und Erforschungen oder für Kunst und Kreativität interessieren. Ist die Linie gegabelt, hat er ein Talent fürs Schreiben und ist gewandt. Ist die Linie lang, ist der Betreffende kritisch und ein Perfektionist. Kurvige Linien weisen auf Kreativität, aber auch auf Sensibilität, Launenhaftigkeit und Bedrücktheit hin.

Variationen auf der Kopflinie

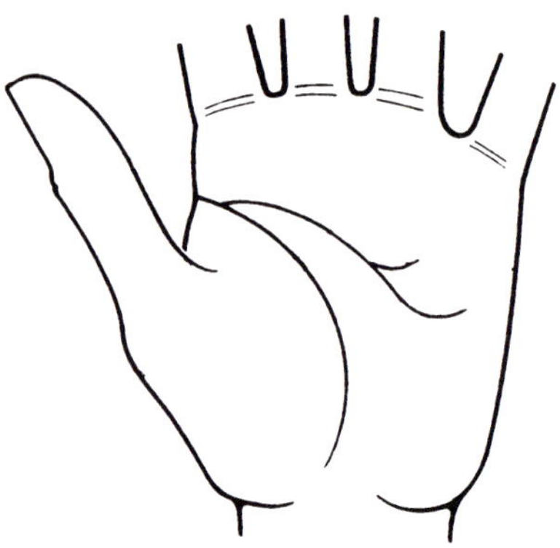

Beruf und Finanzen gehen bergauf

Eine Kopflinie, die sich nach oben biegt oder eine kleine Linie aufwärts abzweigt, zeigt eine Verbesserung im Leben des Betreffenden, wahrscheinlich bezogen auf den Beruf oder die Finanzen. Abwärts fallende Krümmungen weisen auf Verluste hin, oder auf Jobs und Interessen, die der Betreffende ablehnt.

Eine doppelte Kopflinie mit zwei deutlichen Start- und Endpunkten ist sehr selten. Das heißt nicht, dass die Person sehr gescheit ist. Ist die zweite Linie nur sehr schwach, hat er nur ein zweites Interessensgebiet, einen zweiten Beruf oder ein zweites Hobby.

Inseln an der Kopflinie sind alltäglich. Ketten von schmalen Inseln besagen, dass der Betreffende unter Kopfschmerzen leidet. Eine isolierte Insel bedeutet einen beruflichen oder erzieherischen Rückschlag, ein finanzielles Problem oder Unzufriedenheit am Arbeitsplatz. Es wrid oft von dem Gefühl begleitet, dass man im falschen Beruf, der falschen Ehe oder übnerhaupt im falschen Leben feststeckt. Eine dreieckige oder trapezförmige Insel kann eine aktuelle Haftstrafe meinen! Eine tiefe Insel, die die Kopflinie in zwei Teile spaltet, die sich nachher wieder verbinden, weist auf Geisteskrankheit, schwere Legasthenie oder eine andere Art von geistiger Beeinträchtigung hin.

Merke Eine kleine Insel unter Saturn kann Taubheit, eine Insel unter Apollo Augenprobleme bedeuten. Eine Reihe kleiner Inseln, die wie ein Wollstrang aussieht, ist ein Hinweis auf Migräne.

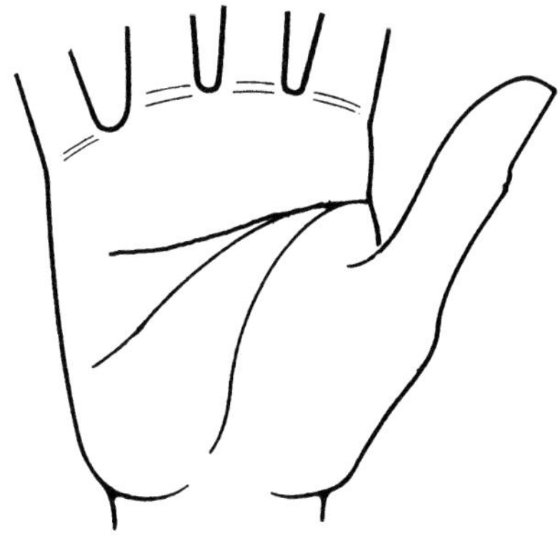

Vielfalt ist das Gewürz des Lebens

Eine Gabel an der Kopflinie wird als „writer's fork" bezeichnet und zeigt ein Talent fürs Redenhalten und fürs Schreiben an. Lange Gabeln sind auch ein Zeichen für Vielseitigkeit, verschiedene Interesssen, zwei verschieden Teilzeitjobs und ein Hobby, das sich grundlegend vom täglichen Beruf unterscheidet. Oft hat diese Person einen gewöhnlichen Beruf, verbringt seine Freizeit aber mit einer kreativen, ausdrucksvollen oder künstlerischen Tätigkeit. Ich habe das an der Hand eines Buchhalters gesehen, der gleichzeitig ein Turniertänzer war, und bei einer Hausfrau, die in ihrer Freizeit etwas Geheimnisvolles getan hat!

Brüche in der Kopflinie sind häufig. Sie zeigen eine Berufspause oder eine Zeit abseits des normalen Lebens an, die auf Krankheit zurückzuführen ist. Ist der Bruch von einem Viereck umgeben, erholt sich die Person aber wieder vollständig.

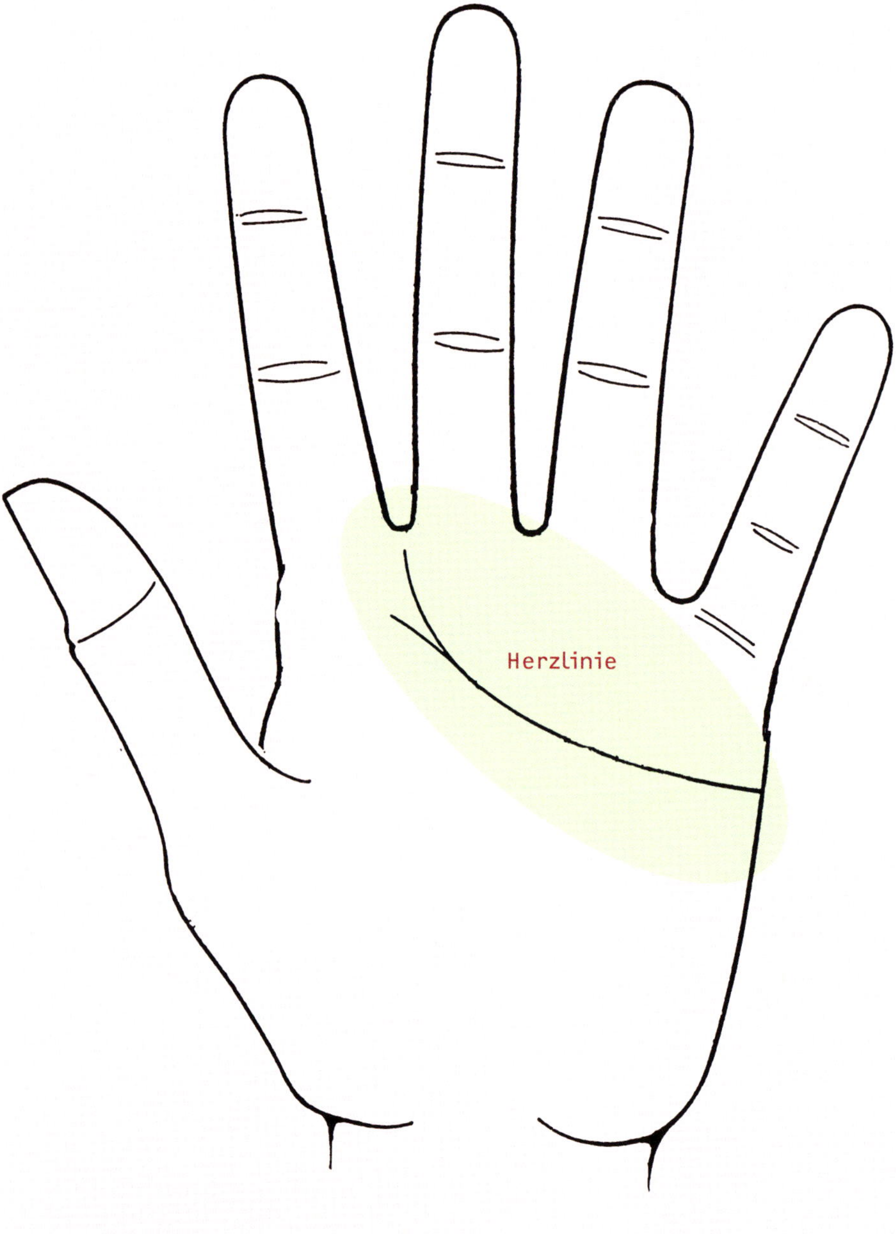
Herzlinie

Lange Linien, die über die Hand und quer über dic Kopflinie wandern, zeigen Störungen im Bereich der Ausbildung, des Berufs oder des Lebens einer Person. Kommen diese Linien von innerhalb der Lebenslinie, dann ist die Familie Ursache des Problems. Kurze Schranken sind Zeichen für kurze, scharfe Rückschläge.

Zu viele Gabelungen, Zweige, Kästchen, Inseln, Brüche oder andere Störungen sind ein Zeichen für eine aufgewühlte Psyche oder dafür, dass das Leben ein Kampf ist. Ist die Kopflinie gestückelt, dann ist die Person unorganisiert. Ein trapezförmiges Ende ist kein gutes Zeichen, da es auf Vergesslichkeit im späteren Leben hindeutet.

DIE HERZLINIE

Die Herzlinie zeigt, was wir über Liebe denken und wie wir uns in Liebesdingen und Beziehungen verhalten. Es wäre nett, wenn es den Verlauf der Liebe im Detail zeigen würde, aber das würde nur quälende Eindrücke offenbaren.

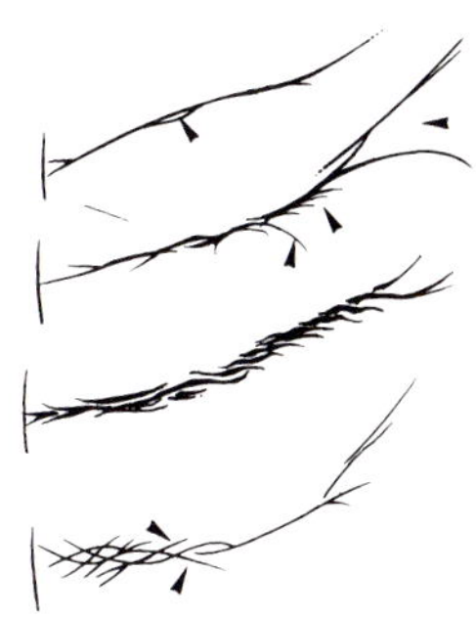

Junge Hände legen sich erst später fest

Je stärker die Herzlinie ist, umso einfacher ist das Liebesleben. Es bedeutet nicht unbedingt, dass derjenige glücklicher ist als jemand, dessen Liebesleben komplizierter ist, aber es zeigt ein hohes Selbstwertgefühl und ein gesundes Ego an – manchmal ein wenig zu gesund! Der Betreffende erhält Liebe und Aufmerksamkeit von Eltern, Familie, Geschwistern, Freunden und Partnern. Er wird vielleicht nicht so viel geliebt, wie er findet, dass er geliebt werden müsste, aber er denkt, dass die anderen ihn wundervoll finden. Auf der anderen Seite ist er natürlich eine liebenswerte Person, die in der Liebe extrem glücklich ist.

Junge Leute haben oft flockige oder unruhige Herzlinien, aber die legen sich später noch fest.

Der Ausgangspunkt der Linie

Manche Handleser glauben, dass die Herzlinie an der Handkante beginnt, während andere das Ende, das näher beim Daumen liegt, als Ausgangspunkt ansehen. Ich habe immer die Handkante als Ausgangspunkt verwendet und so ist es auch in diesem Buch.

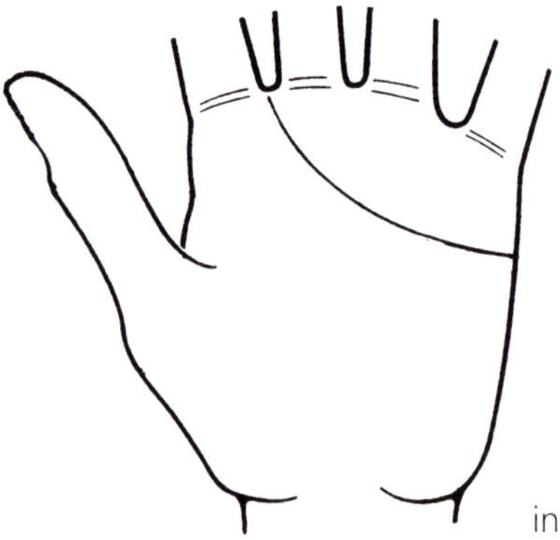

Ein liebevolles Herz

Lange und kurze Herzlinien

Eine lange Herzlinie zeigt eine Fähigkeit für Zuneigung und Freundschaft, während eine kurze Linie eine nach innen gerichtete Natur mit wenig Fähigkeit für Liebe zeigt. So eine Person kann auch sehr anspruchsvoll sein.

Kurvig oder gerade

Eine kurvige Herzlinie zeigt die Fähigkeit für Zuneigung an. Wenn eine Beziehung zerbricht, ist der Betreffende am Boden zerstört, kommt aber schon bald darüber hinweg und beginnt die nächste Beziehung. Er folgt seinem Herzen und glaubt an die Romantik und er wird sich leicht in jemandem vom anderen Ufer, von einer anderen Kultur oder finanziellen Ebene usw. verlieben. Praktische Überlegungen sind für ihn weniger wichtig als das Zusammenpassen von Geist, Körper und Seele.

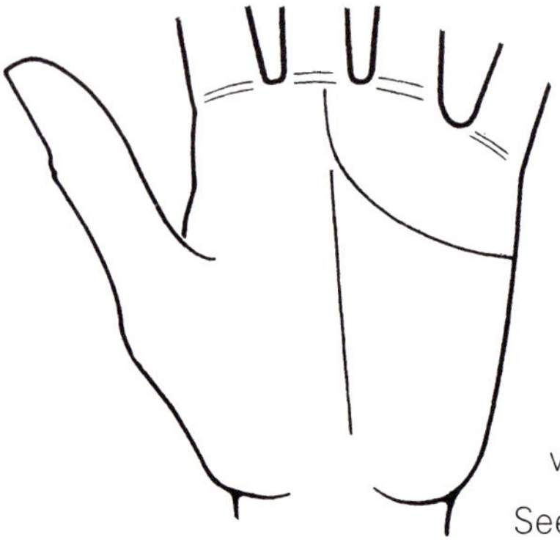

Diese Person kann anspruchsvoll sein

Die Herzlinie

Eine Person mit einer geraden Herzlinie wählt einen Partner nur, weil er die richtige Ausbildung hat und aus den richtigen familiären und finanziellen Verhältnissen kommt. Er kann heiraten, um die Karriereleiter hochzusteigen, oder aus einem anderen praktischen Grund. Der Betreffende hat einen Filter in seinem Kopf, und er weist eine Frau, die „ungeeignet" ist, seine Frau und Mutter seiner Kinder zu sein, sofort zurück. Das heißt nicht, dass er zynisch ist oder seinen Partner nicht liebt. Allerdings kann der Filter unbewusst sein und er macht ihn sich gar nicht klar. Wird er danach gefragt, sagt er nur, er sei wählerisch. Dieselbe Person wirft allerdings alle Regeln über Bord, wenn es zu einer kurzzeitigen intensiven Affäre kommt.

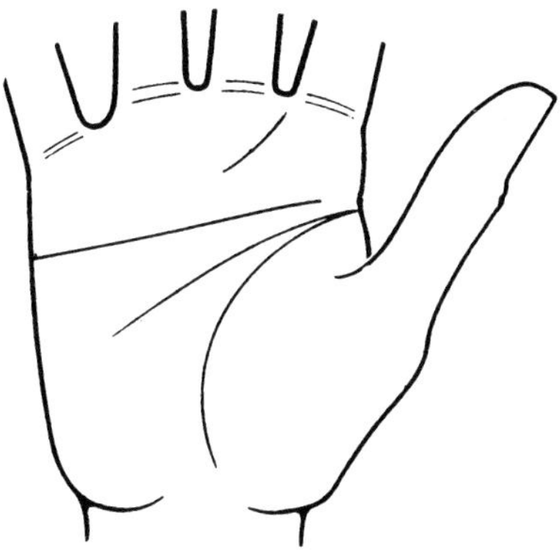

Nur das Beste ist gut genug

Vergessen Sie nicht, dass alles, worüber ich hier spreche, auf beide Geschlechter zutrifft.

Eine seichte Herzlinie deutet auf wenig Fähigkeit zur Liebe hin oder auf jemanden, der lieben will, aber es nie wirklich zustande bringt.

Eine tiefe Herzlinie, die nahe an der Kopflinie liegt, kann ein Zeichen für Intoleranz sein. Die Person kann anspruchsvoll, kleinlich, perfektionistisch oder voller Regeln und Vorschriften sein. Manchmal beeinflussen erns- te familiäre Probleme seine Lebensanschauung.

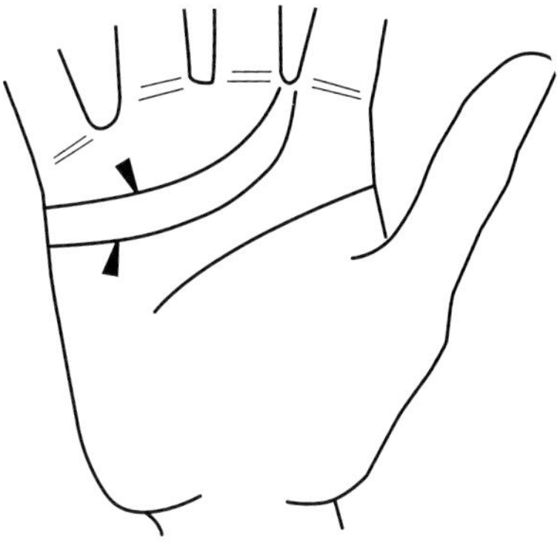

Seichte und tiefe Herzlinien

Gestörte Herzlinien

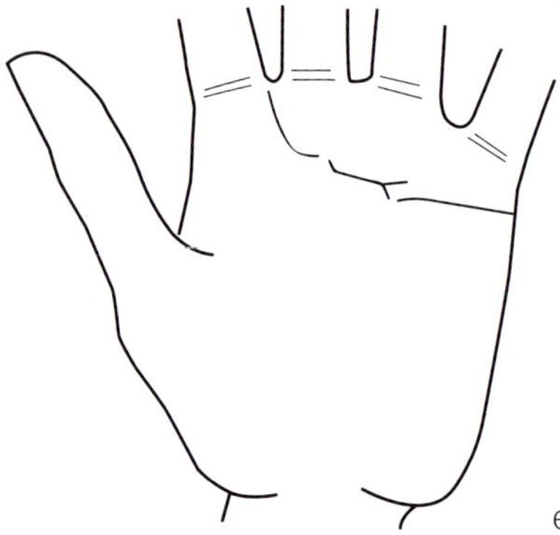

Bruchstückhafte Herzlinie

Eine bruchstückhafte Herzlinie kann den Betreffenden als Freund erfolgreicher machen als als Partner. Es zeigt auch einen wundervollen Sinn für Humor.

Brüche in der Herzlinie symbolisieren das Ende einer Beziehung, oder ein gebrochenes Herz. Inseln zeigen für gewöhnlich emotionale Probleme an. Manchmal zeigt eine klare Insel unter dem Apollofinger an, dass eine Beziehung abrupt endete. In manchen Fällen ist das auf den plötzlichen Tod eines Partners zurückzuführen, in anderen Fällen ging der Partner einfach ohne Vorwarnung weg.

Ein neues Stück Linie kommt oft nach einem Bruch und steht für eine neue Beziehung. Reicht das Stück bis zu den Fingern, findet die Person erst im späteren Leben Liebe. Reicht eine dünne, doppelte Linie in den Abstand zwischen Jupiter- und Saturnfinger, dann ist das definitiv der Fall.

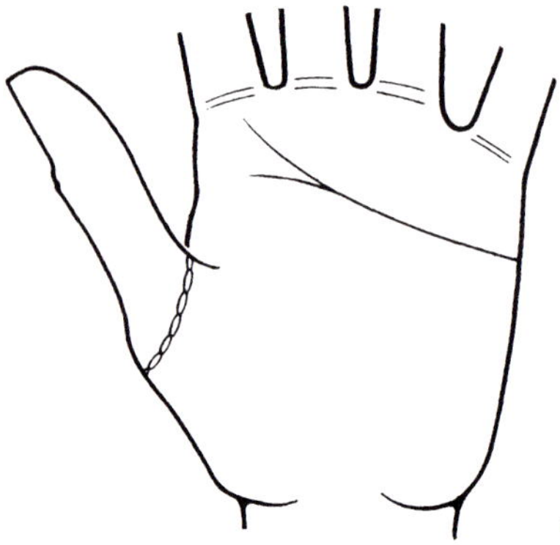

Diese Person schätzt ihre Freundschaften

Die Herzlinie und Freundschaften

Vergessen Sie nicht, dass sich die Herzlinie nicht nur auf sexuelle Beziehungen bezieht. Sie umfasst auch Freundschaft, Zuneigung für ein Tier – und überhaupt jede Form der Zuneigung.

Viele Leute haben dünne Linien, die sich gabeln und abwärts fallen. Sie stehen für Freundschaften.

Das mystische Kreuz

In meinen ersten Tagen als Handleser schoben mir Klienten manchmal ihre Hände entgegen und erzählten stolz, dass sie ein mystisches Kreuz auf der Handfläche hätten, das eine übersinnliche Begabung darstellt. Manche Handleser denken, das sei so, aber nur, wenn das Kreuz keine einzige andere Linie berührt – und das ist sehr unüblich. Es gibt allerdings andere Anzeichen für diese Art Begabung.

Gesundheit auf der Herzlinie

Inseln an der Herzlinie können auf Augen-, Zahn-, Lungen- oder Brustprobleme und auf viele andere Zustände hindeuten. Eine ernsthafte Störung auf einer ansonst klaren Linie besagt, dass etwas falsch ist. Ein dornenartiger, quastenförmiger oder chaotischer Beginn der Herzlinie weist auf Probleme mit dem Herzmuskel oder den Arterien hin (also überprüfen Sie die Fingernägel, um zu sehen, ob sie bläulich, violett oder grau sind). Blaue Tüpfchen auf der Linie im Bereich über und zwischen Saturn und Merkur können Lungenprobleme anzeigen, während hingegen Störungen zwischen Saturn und Jupiter auf Brustprobleme hindeuten.

Homo- oder heterosexuell

Es gibt keinen Unterschied in der Herzlinie einer homosexuellen Person, sofern sie nicht unter seelischen Qualen oder familiären Problemen leidet. Dann kann sich nämlich ein starker Ast von der Linie in den Bereich, in dem Kopf- und Lebenslinie starten, abzweigen.

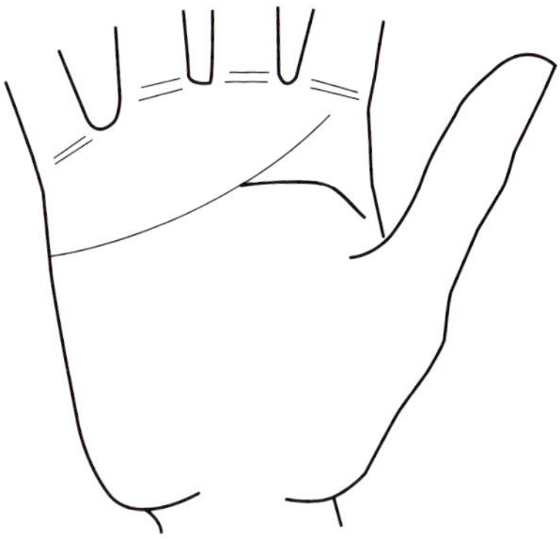

Sich wegen der Sexualität quälen

SIMIAN- UND SEMI-SIMIAN-LINIEN

Manchmal verbinden sich die Kopf- und die Herzlinie zu einer starken Linie, die sich rechts abzweigt, quer über die Hand läuft und eine Simianlinie formt. Diese Linie kann an einer oder an beiden Händen auftreten. Die Affenlinie ist oft stark und kettenähnlich. In vielen Fällen gibt es semi-simiane Formen, wo verkümmerte Stücke von Kopf- und Herzlinie auf der Hand zurückbleiben.

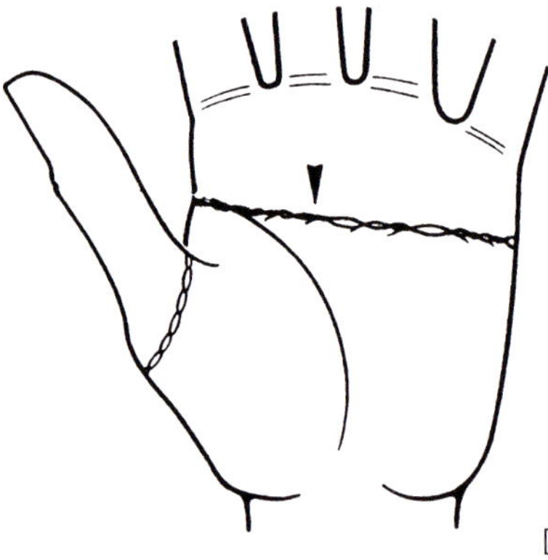

Die Simianlinie

Das Wort „simian" bedeutet „affenähnlich" und wird verwendet, weil die frühen Handleser glaubten, dass Affen diese Form auf ihren Händen hatten. Ich habe Zoos besucht, die Hände von zahlreichen Affen studiert, und habe sogar einen Handabdruck von einem Berberaffenbaby gemacht, als ich in Gibraltar war. Ich habe entdeckt, dass die Linien an Affenhänden die gleichen sind wie an Menschenhänden und dass sie keine eigene „Affenlinie" haben. Die Hautoberflächenmuster sind außerdem sehr verschieden.

Menschen mit Simianlinie finden es schwer, ein normales und ausgeglichenes Leben zu führen. Sie konzentrieren sich entweder auf ihre Arbeit, ihre Beziehung oder etwas anderes auf eine einseitige Weise. Sie halten Unmut zurück und explodieren dann in einem Wut- oder Heulanfall. Diese Leute können sehr eigensinnig sein.

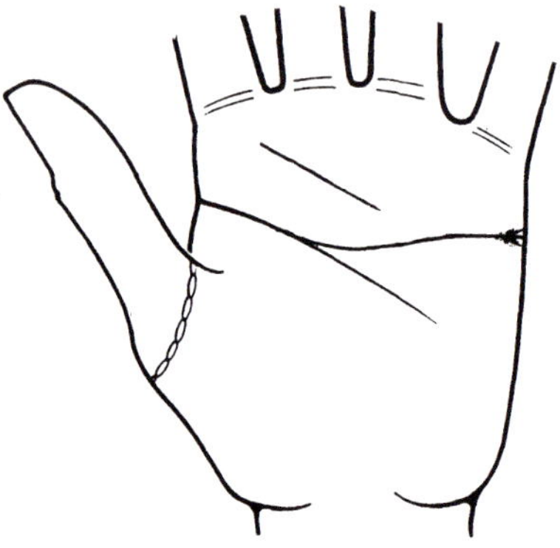

Die Semi-Simian-Linie

Semi-Simian-Linien sind auch selten. Sie bedeuten das Gleiche wie die Simianlinie, aber die Person kann mit Zeit und Erfahrung eine ausgeglichenere Haltung entwickeln.

DIE SCHICKSALSLINIE

Wenn Sie nichts anderes übers Handlesen lernen wollen, versuchen Sie es doch wenigstens mit der Schicksalslinie, denn sie hat so viel zu erzählen. Nicht jeder hat eine Schicksalslinie, aber wenn Sie genau schauen, werden Sie oft irgendwo Bruchstücke davon sehen. Die Schicksalslinie läuft vertikal vom Ende der Hand nach oben zur Spitze. Sie kann bei Neptun (die Mitte der Handbasis) oder aber näher an der einen oder anderen Seite der Hand starten.

Die Schicksalslinie kann eine unvollständige Linie sein, die anfängt und dann im Sand verläuft oder erst höher an der Hand startet. Die Schicksalslinie erzählt zwei Geschichten und es ist schwer, zwischen ihnen zu unterscheiden. Die erste Geschichte zeigt die Zeiten an, an denen wir uns im Leben Mühe geben. Die zweite Sache erzählt von dem Maß an Schicksal, Vorsehung, Kismet, Karma und Glück, die eine Person erfahren kann – und wann das passiert. Es zeigt die Herausforderungen an, denen wir in Beziehungen, Finanzen, Familie, Beruf und anderswo gegenüberstehen. Diese Linie kann sich viele Male ändern, sodass schlechte Dinge nicht unverränderlich sind. Bemühen Sie sich, Ihr Leben zu verbessern, und die Linien werden sich ändern!

Merke Sie wird manchmal auch Saturnlinie genannt, weil sie in Richtung Saturnfinger läuft, aber sie kann auch zum Jupiter- oder Apollofinger abweichen, sodass wir bei Schicksalslinie bleiben.

Gibt es keine Schicksalslinie, dann gibt sich die Person im Leben nicht viel Mühe. Eine sehr starke und tiefe Linie zeigt, dass die Person das macht, was andere ihr sagen. Sie

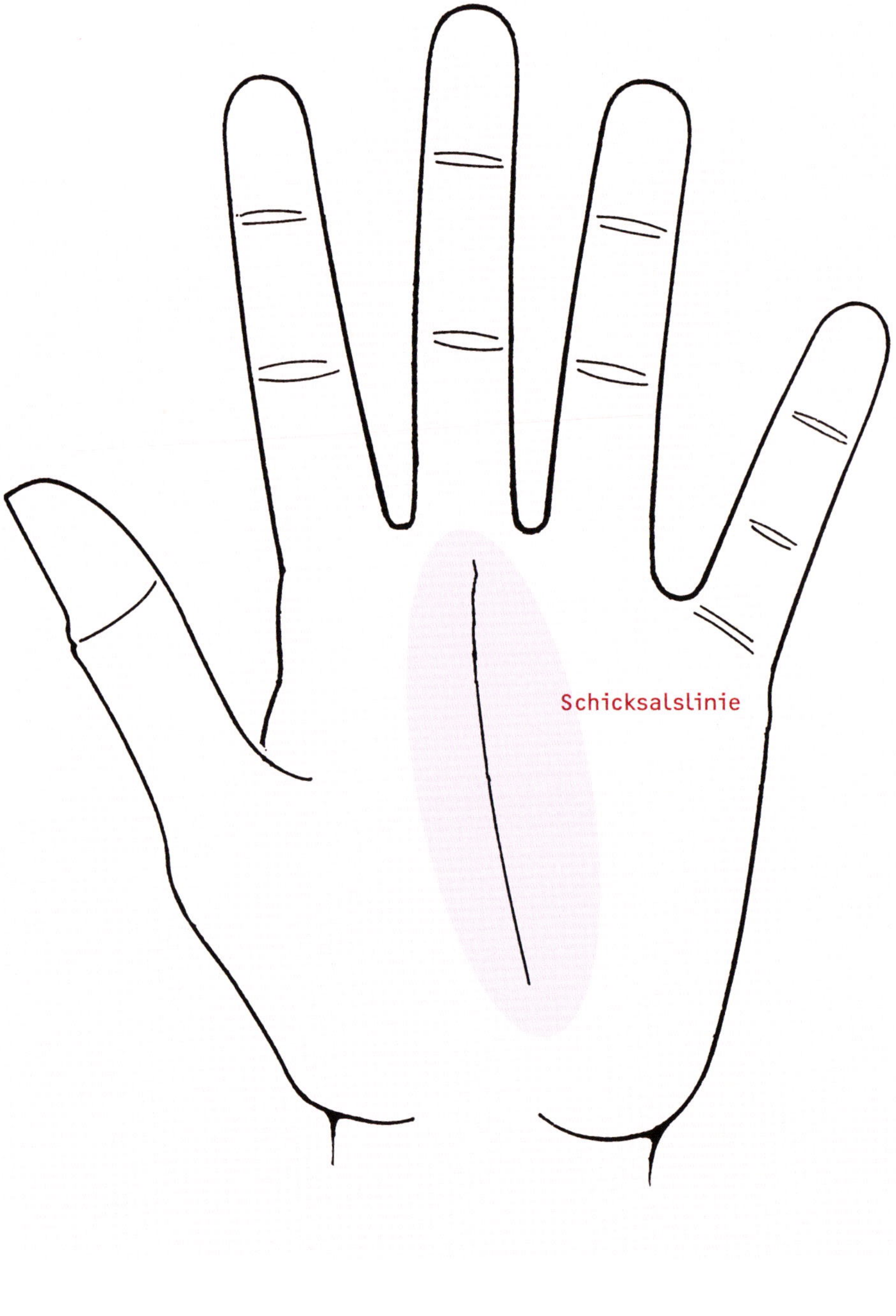
Schicksalslinie

hat das Gefühl, eine Pflicht gegenüber Eltern, Beruf, Ehepartner oder Familie erfüllen zu müssen. Das ist nicht nur ein schlechtes Zeichen, denn sie wird auch in allen Dingen Erfolg haben. Zuletzt zeigt die Schicksalslinie auch noch an, dass etwas im Leben passieren wird und da kann der Betreffende auch sehr strebsam sein.

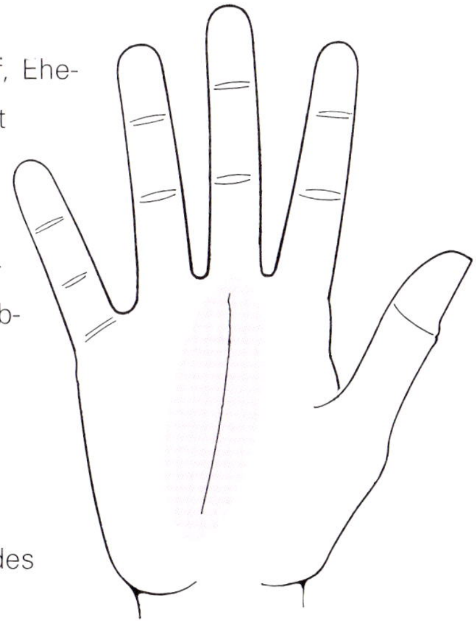

Schicksalslinie in Richtung Saturn

Ausgangspunkt der Schicksalslinie

Hier sind schnelle Erläuterungen zur Bedeutung des Augangspunktes der Linie.

Die Linie steigt bei Neptun an – Selbstmotivation und schon früh eigene Entscheidungen treffen.

Die Linie beginnt an der Venusseite, an der Lebenslinie, oder in der Nähe davon. Die Familie hilft dem Betreffenden, im Leben voranzukommen, indem sie eine gute Schule bezahlt oder ihm hilft, ein Haus oder ein Geschäft aufzubauen. Die Familie denkt gut von ihm. Je näher die Linie zur Venus liegt, umso mehr hängt derjenige an der Familie, wenn er erwachsen wird. Seine Familie kann über ihn bestimmen: entweder lässt er es zu oder er setzt dem ein Ende.

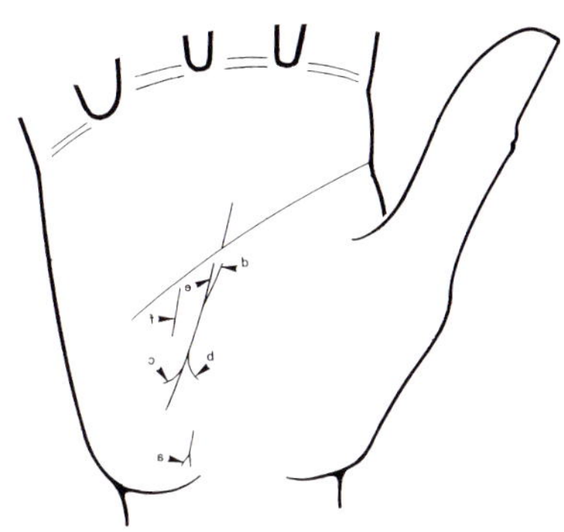

Variationen der Schicksalslinie

Fängt die Linie beim Mond an, dann bekommt der Betreffende Hilfe, Anerkennung, Respekt und Bestätigung eher von außerhalb als von seiner Familie. Je näher der Ausgangspunkt am Mond liegt, desto früher wird er seinen eigenen Weg gehen.

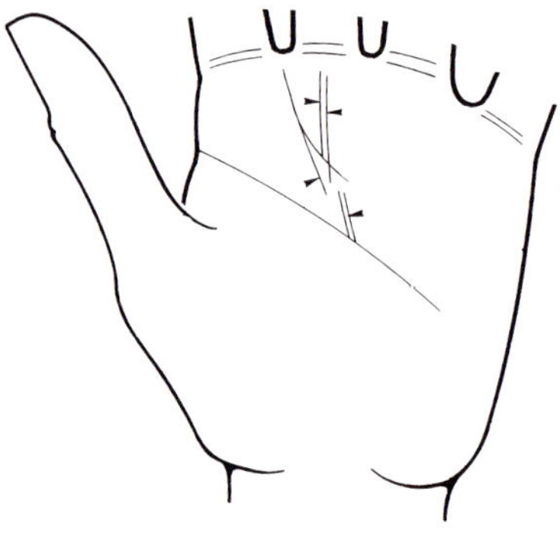

Diese Person findet ihren Weg erst später im Leben

Manchmal beginnt die Linie weiter oben an der Hand. Startet sie an der Kopflinie, dann kann ein glücklicher Zufall die Starthilfe für eine Karriere sein, odcre andere Umstände ermutigen diese Person, sich besonders anzustrengen.

Beginnt die Linie an der Herzlinie, dann ist Liebe ausschlaggebend. Es zeigt auch, dass die späteren Jahre des Betreffenden glücklicher und interessanter sind als die frühen Jahre.

Die Richtung der Schicksalslinie

Die Schicksalslinie kann auf halbem Weg aufhören, was bedeutet, dass eine Periode an Bemühungen endet. Unvollständige Schicksalslinien können weiter oben an der Hand wieder aufscheinen, was einen Wechsel des Schicksals bedeutet. Hier sind mehr Hinweise:

Läuft die Linie Richtung Jupiter, dann hängt das Herz des Betreffenden an seinem Beruf. Trifft die Schicksalslinie am Ende auf die Herzlinie, steht immer der Beruf vor dem Liebesleben an erster Stelle.

Die Schicksalslinie geht zu Saturn. Der Betreffende arbeitet hart und ist im späteren Leben sehr erfolgreich.

Die Schicksalslinie endet zwischen Saturn und Apollo. Der Betreffende wird im späteren Leben glücklich und kann Geld für Luxusartikel und Vergnügungen genauso wie für lebensnotwendige Güter ausgeben.

Zeitrechnung auf der Schicksalslinie

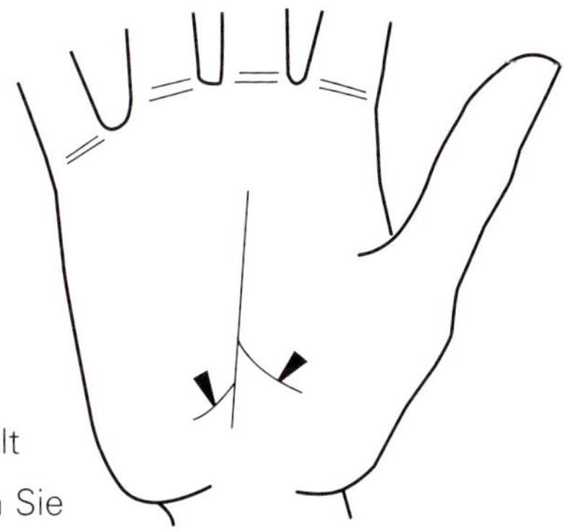

Wichtige neue Leute

Hier ist ein grober Plan, um Daten an der Schicksalslinie herauszufinden:

Nehmen Sie einen Faden und legen Sie ihn über die Hand, ausgehend von der Mitte des Knöchels, der an der Basis des Daumens liegt. Suchen Sie den Punkt, an dem der Faden die Schicksalslinie kreuzt. Das stellt den Zeitraum zwischen 23 und 25 Jahren dar. Merken Sie sich Folgendes:

- Die Schicksalslinie kreuzt die Kopflinie zwischen dem Alter von 32 bis 35 Jahren.

- Die Schicksalslinie kreuzt die Herzlinie ungefähr bei 45 bis 50 Jahren.

- Sie können die verbleibenden Jahre in dem kleinen Bereich über der Herzlinie sehen.

Linien, die an die Schicksalslinie grenzen

Abzweigungen, die an die Schicksalslinie angrenzen, betreffen Freunde, Liebhaber, Ehepartner, Geschäftsberater, finanzielle Partner und viele andere, die für eine Weile ein Teil im Leben des Betreffenden sind, hin. Das übliche Szenario ist Liebe oder Heirat.

Eine Beziehung beginnt immer in dem Alter, das durch den Schnittpunkt dieser Linien mit der Schicksalslinie definiert wird. Überquert die Linie den Punkt oder läuft sie eine Weile mit und verschwindet dann, dann hält die Beziehung nicht.

Eine Beziehung hält dann an, wenn eine Linie die Schicksalslinie trifft und dann ein Teil von ihr wird.

Eine Linie trifft auf die Schicksalslinie von der Daumenseite der Hand. Der Geliebte kommt aus der gleichen Gegend und hat dieselben Familienverhältnisse. Er und seine Familie können den Geliebten schon lang bevor sie zusammengekommen sind gekannt haben. Die Verliebten haben ähnliche Kultur, ähnliche Ziele und ähnliche Anschauungen.

Kommen die Linien von der Mondseite, kommt der Geliebte von weit her oder aus einer anderen Umgebung.

Bricht eine Beziehung, können Sie sehen, ob der Geliebte zur Mutter zurückgeht (Linien wandern zur Venusseite) oder die Gegend verlässt (Linien wandern zur Mondseite).

Geschehnisse auf der Schicksalslinie

Jede Störung der Schicksalslinie ist interessant. Hier sind ein paar Beispiele:

- Eine isolierte Insel deutet auf einen Zeitraum von Verwirrung und Traurigkeit hin. Schauen Sie, ob das in der Kindheit, der Jugend oder später passiert.

- Im Erwachsenenleben steht eine isolierte Insel für Geldknappheit für ein paar Jahre.

- Eine lange Insel, die die Linie entlang der Strecke in zwei Teile teilt, deutet an, dass die Person in zwei Richtungen gerissen wird oder mit zwei verschiedenen Situationen gleichzeitig fertig werden möchte, wie z. B. einem ruhigen Familienleben mit Kindern und einem harten Job.

Verwirrung in frühen Jahren

Schranken, Brüche, Kreuze oder andere Zeichen auf der Linie bedeuten Rückschläge. Das kann sich auf berufliche oder finanzielle Rückschläge beziehen oder auf gesundheitliche Probleme, Scheidung oder etwas anderes. In diesem Fall müssen Sie sich die Hand genau ansehen, um mehr Informationen zu bekommen.

Sich ändernde Schicksalslinien

Manchmal bricht die Schicksalslinie und formt neue Stücke weiter oben an der Hand. Diese neuen Stücke können von der Originallinie zur Radial- oder Ellenseite „springen" und können auch ein Stück parallel zur Originallinie laufen. In diesem Fall will der Betreffende etwas Neues beginnen, obwohl er noch in der vorherigen Situation feststeckt. Zum Beispiel möchte er ein Geschäft eröffnen, obwohl er noch immer seinen Beruf ausübt, oder er möchte eine neue Beziehung starten, bevor er die alte beendet hat. Überlappt das neue Stück die Linie nicht, dann kommt es zu einem Bruch zwischen dem alten und dem neuen Leben.

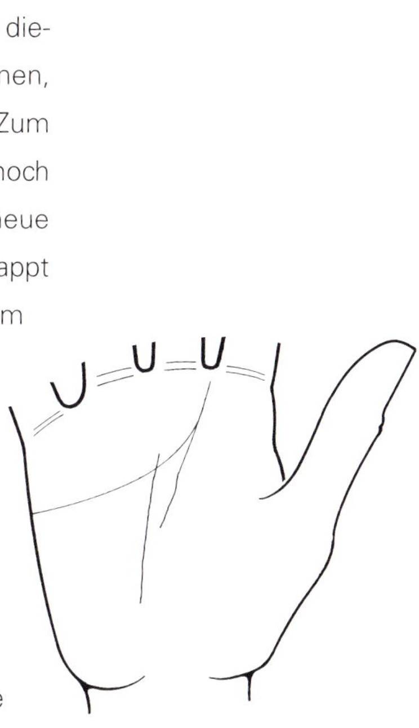
Arbeit wird dem Familienleben vorgezogen

Es wird weniger Interesse für die Arbeit, dafür mehr für die Familie geben, wenn die neue Linie zur Ellenseite springt. Die Person kann den Job wechseln, um mehr daheim zu sein, oder einen anspruchsvollen Job für einen leichteren aufgeben – wahlweise kann er heiraten oder sich mehr um Haus und Familie kümmern. Springt die Linie zur Radialseite, interessiert sich der Betreffende mehr für die Arbeit als für die Familie.

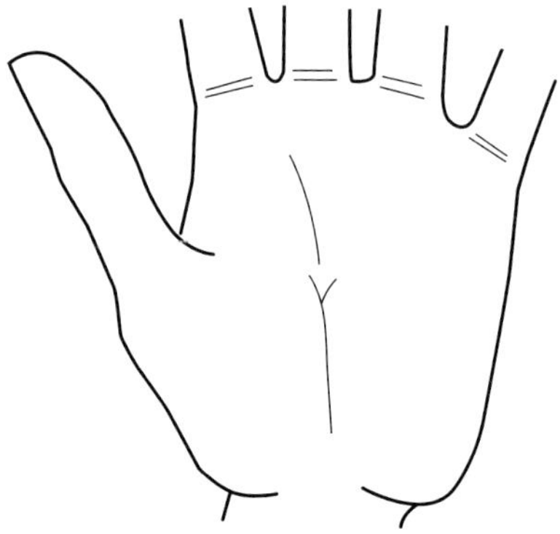

Plötzlicher Wegzug

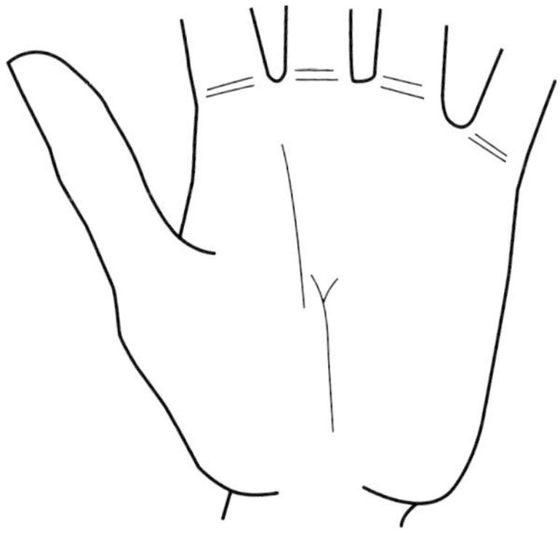

Pläne schmieden und dann plötzlich weggehen

Manchmal bricht die Linie in zahlreiche kleine Stücke, die eher an einen kleinen Wald als an eine klare Linie erinnern. In diesem Fall macht sich die Person selbstständig und muss daher vielfältige Aufgaben erledigen. Sie muss sehr viel Energie in diese Dinge legen.

Manchmal endet die Schicksalslinie abrupt und lässt einen Spalt frei, bevor sich eine neue Linie weiter oben an der Hand bildet. Zeigt das Ende ein schmales „Y", dann zieht die Person plötzlich für einen Job oder ein Projekt weg, gibt eine Beziehung auf oder verlässt sogar das Land! Das kann ein plötzlicher Impuls sein oder war schon lang vorhersehbar. Beginnt eine neue Linie neben dem Stück, das in einem „Y" endet, dann hat die Person den Bruch schon länger geplant, vielleicht um einen neuen Berufsweg einzuschlagen.

Das Ende der Schicksalslinie

Hier sind einige Erläuterungen zum Ende der Schicksalslinie:

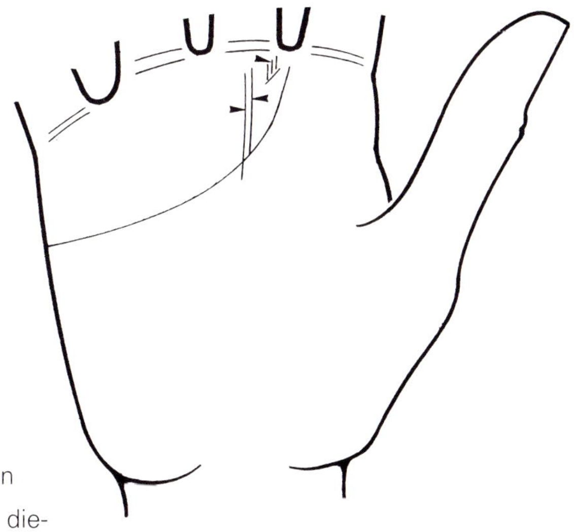

Sehen Sie, was das Leben Ihnen am Ende zu bieten hat

- Reicht die Linie zum Saturnberg, wird der Betreffende bis an sein Lebensende arbeiten und genießt es auch. (Sehen Sie bei der Schlaufe der guten Absicht und bei den Hautoberflächenmustern in diesem Buch nach). Die Chancen stehen so, dass er Erfolg in seinem Beruf hat und genug Geld hat, um später im Leben komfortabel zu leben.

- Endet die Lebenslinie beim Jupiter, erreicht der Betreffende persönliche Erfüllung im Beruf, führt ein religiöses Leben oder hat eine andere Beschäftigung, die ihm Befriedigung gibt.

- Geht die Linie in Richtung Apollo, wird er vermutlich mit einem netten Heim und einer glücklichen Familie enden.

- Reicht die Linie nicht weit über die Herzlinie hinaus, dann gibt die Person leicht auf und wird zu einer Couch-Potato.

DIE NEBENLINIEN

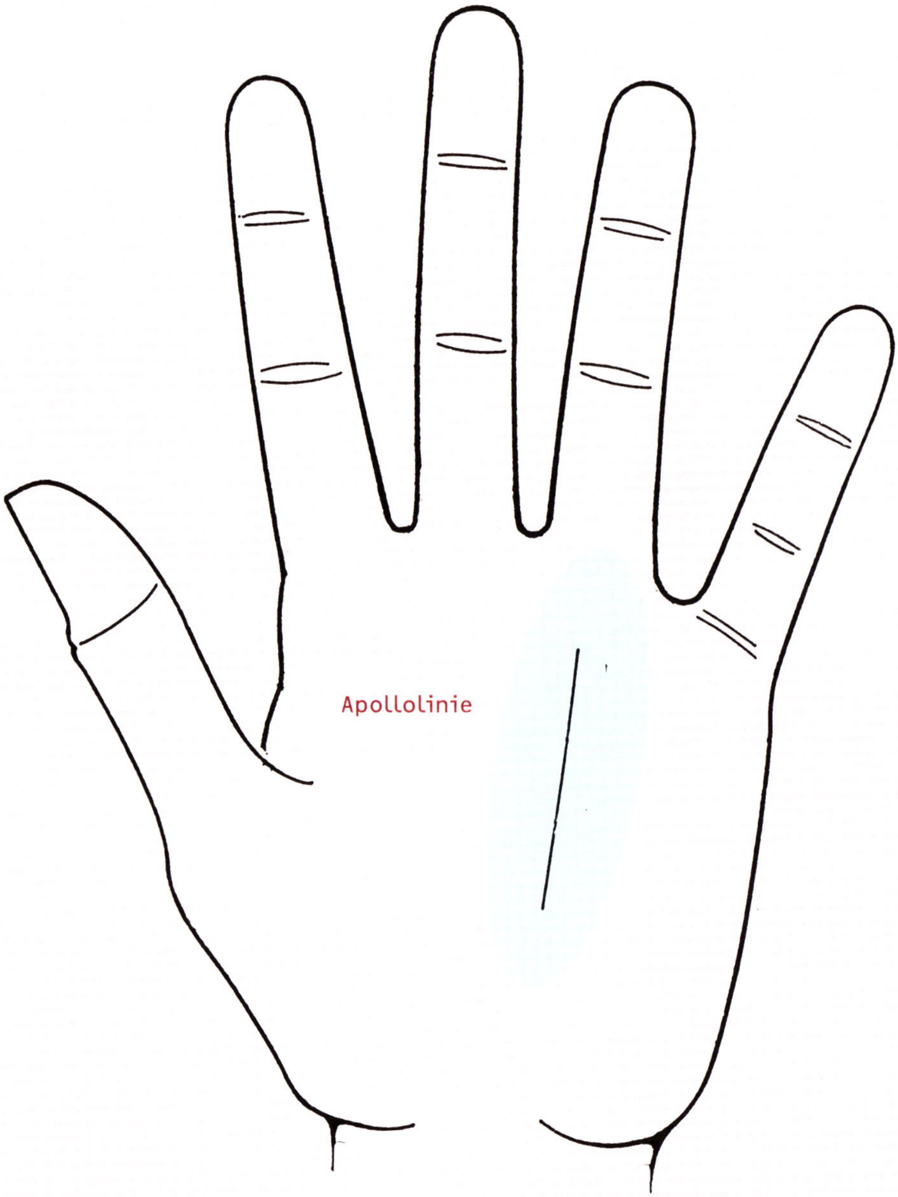
Apollolinie

Wir haben uns die vier Hauptlinien angeschaut: Leben, Kopf, Herz und Schicksal und auch die eigenartige Simian-Linie, aber kommen wir jetzt zu den Nebenlinien.

DIE APOLLOLINIE

Manche Handleser nennen diese Linie die Sonnenlinie, weil sie an der Hand nach oben zum Apollofinger wandert. Nicht jeder hat eine Apollolinie und auch wenn sie vorhanden ist, ist sie nur selten vollständig. Diese Linie hängt mit Familienleben, Spaß, Vergnügen und Kreativität zusammen und deutet auf Ruhm und Anerkennung hin. Im Leben normaler Menschen sagt es oft etwas über das Heim, familiäre Umstände und Besitztümer aus.

Der Ausgangspunkt der Apollolinie

Die Linie beginnt für gewöhnlich unten an der Hand, beim Mond, Neptun oder sonstwo in diesem Bereich. Sie kann nahe der Schicksalslinie starten, gleitet aber meist vom Mondberg herein.

Beginnt die Linie beim Zentrum des unteren Teils der Hand, um den Neptunberg herum, dann bekam derjenige schon in frühen Jahren Unterstützung von der Familie oder durch familiäre Verbindungen. Reicht ein Zweig von der Radialseite zu diesem unteren Ende, dann ist das noch besser. Die Famile des Betreffenden war ihm dabei behilflich, sein erstes Heim zu kaufen oder gab ihm schon früh Starthilfe zur Gründung einer Familie.

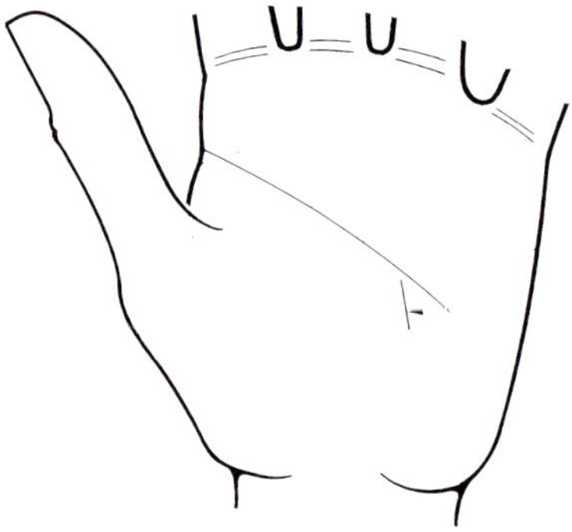

Wer hilft Ihnen erfolgreich zu sein?

Häufiger beginnt die Linie am Mondberg. Das bedeutet, dass sich die Person Anregungen von außerhalb der Familie holt oder seine eigene Fantasie und Intuition nutzt. Die fantasievollen, kreativen und künstlerischen Aspekte seiner Natur können seiner Familie gefallen und sie beeindrucken, aber der einzige Ort, an dem er Glaubwürdigkeit (und Entlohnung) für sein kreatives Talent erhalten kann, liegt außerhalb der Familie.

Eine Apollolinie, die über der Kopflinie beginnt, zeigt ein frühes Versprechen an. Startet sie weiter oben an der Hand, kann der Betreffende erst später eine Familie gründen.

Ereignisse

- Viele der Bedingungen, die wir an der Schicksalslinie finden, treffen auch auf die Apollolinie zu:

- Doppelte Linien bedeuten eine Trennung hinsichtlich Zeit und Energie.

- Ein Bruch, dem eine neue Linie folgt, weist auf einen Berufswechsel oder eine Adressenänderung hin. Eine Linie, die bricht und zur Ellenseite springt, legt ihr Gewicht auf häusliches Leben.

- Ein radialer Sprung bringt die Person aus dem Haus und in die Welt.

- Trifft diese Linie andere feine Linien an einem Punkt, dann kann der Betreffende von zu Hause aus arbeiten oder nach einer kreativen Beschäftigung suchen.

◆ Für die meisten Menschen hängt die Apollolinie weniger mit dem Berühmtwerden zusammen, als damit ein Heim zu gründen. Nutzen Sie die Informationen der Schicksalslinie und wenden Sie sie auf Besitztümer an. Zum Beispiel sind Inseln, Schranken, Brüche oder andere Störungen ein Grund für Probleme, die mit dem Kauf oder Verkauf eines Grundstücks zusammenhängen.

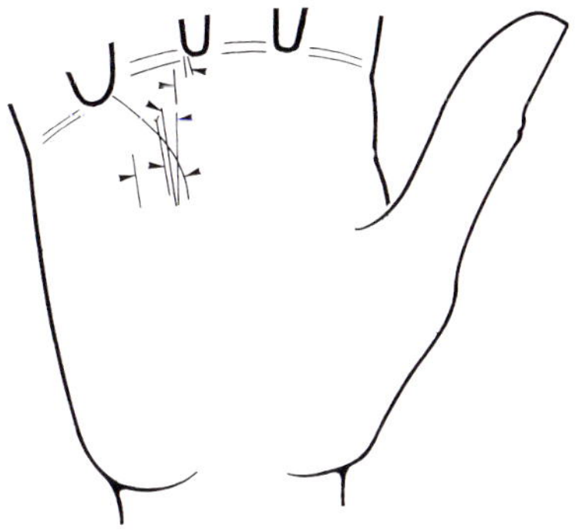

Glück im späteren Leben

Das Ende der Apollolinie

Viele Menschen haben einen Teil einer Apollolinie. Sie kann auch oberhalb der Herzlinie beginnen und zu den Fingern laufen. Das ist ein nettes Zeichen, denn es bedeutet Glück im späteren Leben. Es zeigt auch Interesse an Sport und kreativen Dingen, wenn die Notwendigkeit, den Lebensunterhalt verdienen zu müssen, vorbei ist. Ein dreizackiges Ende der Apollolinie zeigt, dass man sich durch glückliche Umstände immer aus finanziellen Problemen herauswinden kann.

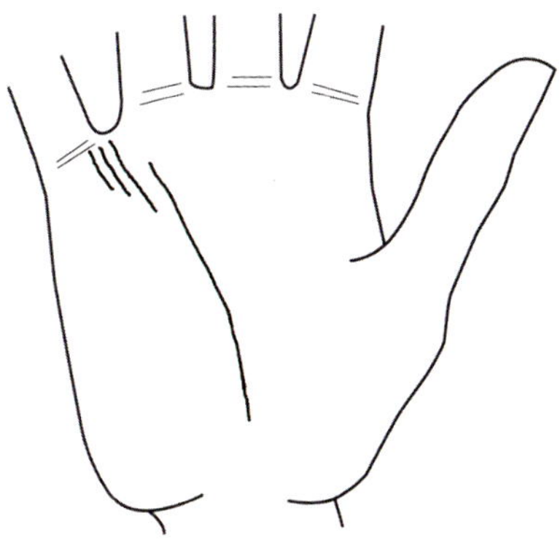

Leiter des Erfolgs

Endet die Linie in einer „Leiter des Erfolgs", die eine Serie kleiner Linien ist, die mit jeder Stufe näher zum Merkurfinger nach oben zum Ende der Hand kriechen, dann bedeutet es Anerkennung und Befriedigung im späteren Leben.

GESUNDHEITSLINIEN

Ist eine Gesundheitslinie vorhanden, dann interessiert sich die Person für Gesundheit und Heilen. Sie kann sich für die eigene Gesundheit oder die von Familie und Freunden inte-

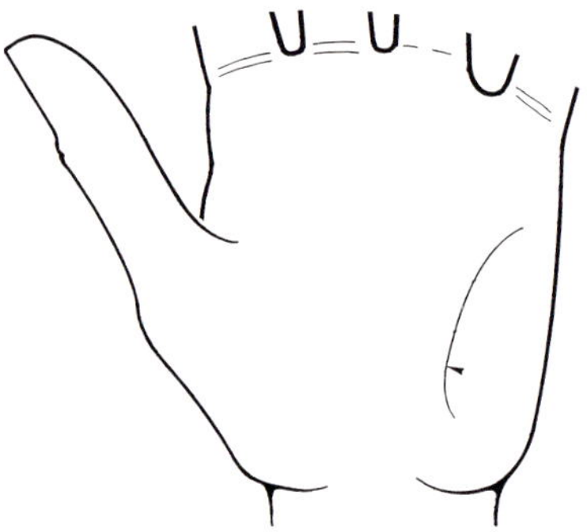

Gebogene Gesundheitslinien

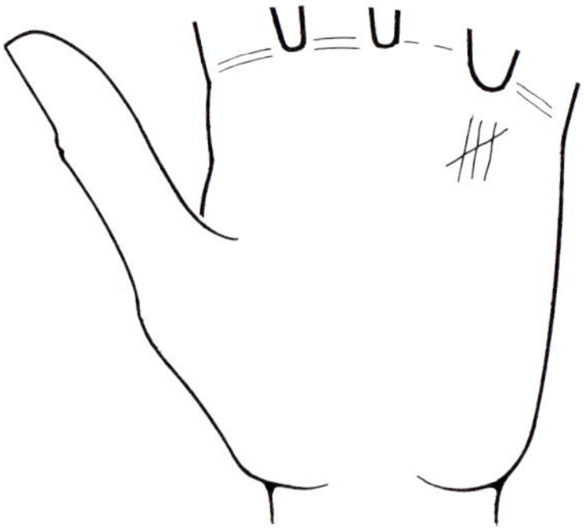

Talent fürs Heilen

ressieren. Anderenfalls kann sie im Gesundheitswesen, bei spiritueller Heilung, in der Psychologie oder als Berater tätig sein.

Suchen Sie nach roten Zeichen oder kleinen Tüpfchen auf der Linie, denn sie erscheinen, wenn es jemandem nicht gutgeht – auch wenn er noch unwissend über die bevorstehende Erkrankung ist.

Biegt sich eine Linie zur Handkante, egal ob sie an Merkur endet oder nicht, dann ist die Person extrem intuitiv und vermutlich spiritistisch.

Die Gesundheitslinie endet oft mit drei kleinen Linien und einer diagonalen, die durch sie durchgeht. Das sind die Heilungsstreifen oder Heilerlinien.

Gesundheit und Heilung sind so wichtig für den Betreffenden, dass er im Gesundheitswesen arbeiten muss. Das kann alles einschließen, was die mentale oder physikalische Gesundheit von Menschen und Tieren fördert. Die Heilung kann praktisch, spirituell oder psychologisch sein. Dieses Zeichen haben auch Handleser oft, denn wir versuchen unglücklichen oder traurigen Leuten zu helfen.

REISELINIEN

Reiselinien treten auf der Handkante auf und zeigen wichtige Reisen und Verbindungen zu Leuten in anderen Ländern an. Reicht die Linie über die Hand und berührt die Schicksals- oder Lebenslinie, dann weist es auf eine starke Verbindung zu jemandem im Ausland hin. Der Betreffende

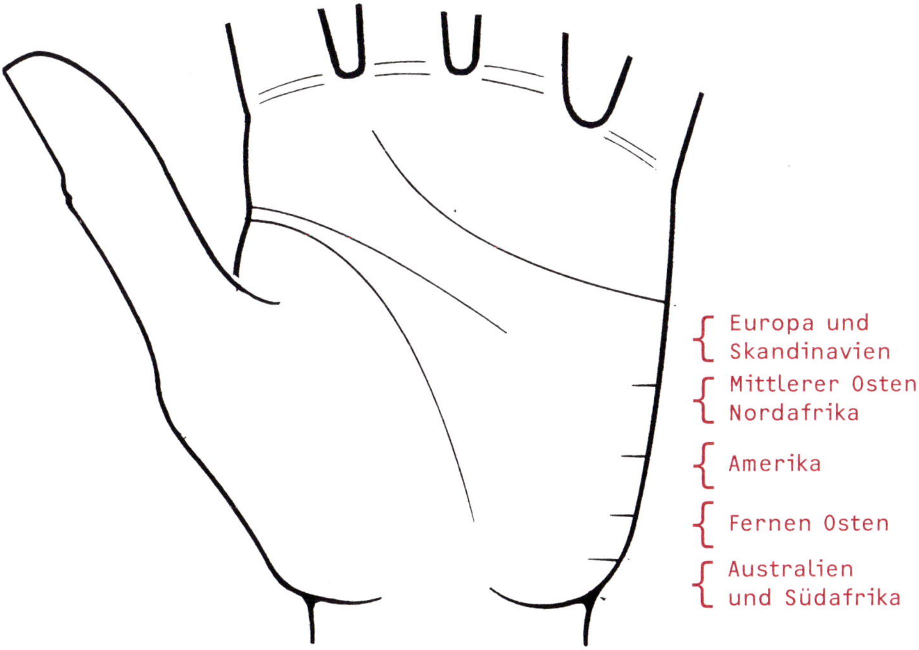

Eine Person, die reist

kann an einem gewissen Zeitpunkt in seinem Leben ein paar Jahre im Ausland verbringen. Ein erfahrener Handleser kann sagen, welche Länder die Person besuchen will.

Kräftige Linien zeigen wichtige Verbindungen und Reisen; schwächere können nur angenehme Ferien sein. Die folgende Liste betrifft jeden, egal an welchem Ort die Person geboren wurde:

- Zwischen Herz- und Kopflinie: Skandinavien und Europa
- Um das Ende der Kopflinie: Mittelmeerraum, Osteuropa und Mittlerer Osten

- Lange gerade Linien auf Mars/Mond: USA, Kanada, die Karibik und Südamerika, Russland
- Mondmitte: Indien, Pakistan, Sri Lanka, Seychellen, andere Golfstaaten, asiatische Länder
- Unterer Mond: China, Korea, Japan
- Pluto: Australien, Südafrika, Neuseeland

Störungen an den Reiselinien können bedeuten:

- Inseln: Problematische Reise, vermutlich auf Erkrankung während des Reisens zurückzuführen.
- Bruch: Abgebrochene Reise
- Doppel: Zwei Reisen in schneller Folge
- Gestört oder zerfranst: Eine lästige oder verschwendete Reise.

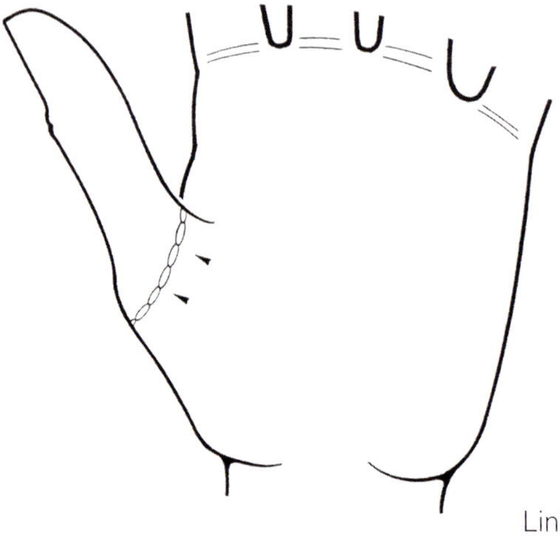

FAMILIENLINIE

Genau an dem Punkt, an dem der Daumen die Hand trifft, befindet sich eine Linie. Ist dort eine saubere, klare oder auch eine verkettete Linie, dann wohnt die Person für viele Jahre im selben Haus, vielleicht sogar ein Leben lang. Ist die Linie bruchstückhaft, wird sich die Person oft herumbewegen. Gibt es noch andere Familienlinien, die

die Hauptlinie begleiten, kann er ein extra Haus, einen Wohnwagen, einen Campingbus oder etwas anderes mieten, das er verwendet oder weitervermietet.

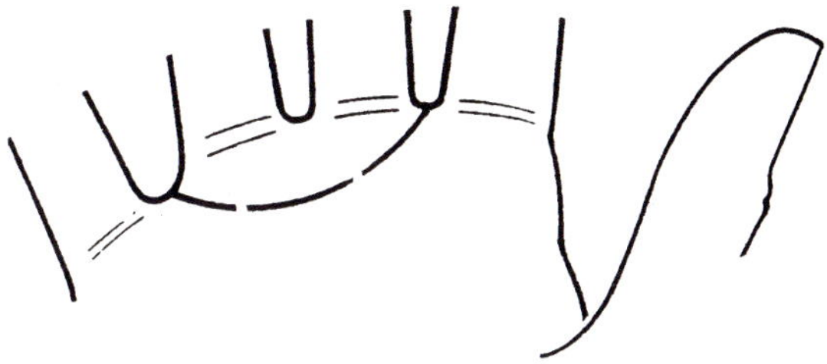

DER VENUSGÜRTEL

Der Venusgürtel zeigt Sensitivität

Der Venusgürtel liegt nahe bei den beiden mittleren Fingern. Manchmal ist der Gürtel vollständig, aber oft ist er durchbrochen oder es sind nur Teile zu sehen. Der Gürtel gehört einer sensiblen Person, die auch intuitiv und spiritistisch sein kann. Ein unvollständiger Gürtel ist nett, denn er zeigt die Fähigkeit, leicht Freunde zu finden, an. Ein vollständiger Gürtel kann jemandem gehören, der so sensibel ist, dass er schon bei der kleinsten Provokation in Tränen ausbricht.

Leider kann jemand mit einem voll geformten Venusgürtel angriffslustig sein. Er kann denken, dass er defensiv ist, aber die, die seine Widerwärtigkeiten ertragen müssen, sehen das anders.

Ist der Teil des Venusgürtels, der zwischen Jupiter- und Saturnfinger herunterläuft, vorhanden, dann strebt der Betreffende nach Liebe und Karriere und er braucht beide Aspekte, um ein perfektes Leben zu haben.

Ist der Teil des Venusgürtels, der zwischen Merkur- und Apollofinger herunterläuft, vorhanden, dann will der Betreffende mit Leuten zusammen sein, die die gleichen Interessen haben.

DER RING DES SALOMON

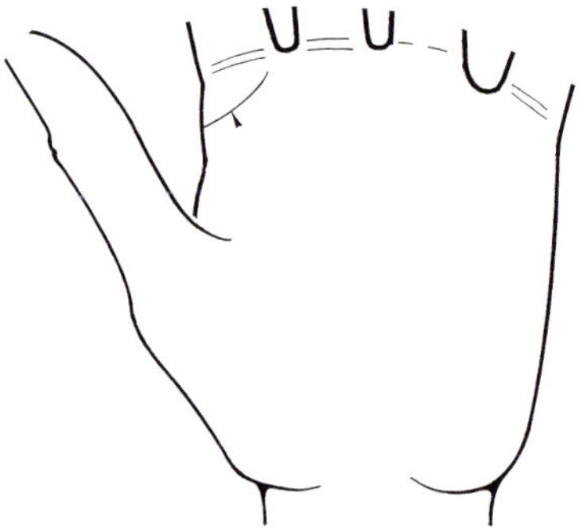

Der Ring des Salomon bedeutet Sympathie

Der Ring des Salomon gehört einer weisen Person, die anderen zuhören kann und gute Ratschläge gibt. Man sieht dieses Zeichen auf den Händen von Anwälten, Beratern, Bankmanagern, Richtern, Sozialarbeitern und anderen, die der Öffentlichkeit helfen.

In seltenen Fällen scheinen gleiche Ringe den Saturn- oder Apollofinger zu „schröpfen". Das symbolisiert eine Blockade der Energie von der Handfläche bis in die Finger. Ein Ring unter dem Merkurfinger wird aus ersichtlichem Grund „Witwenlinie" genannt.

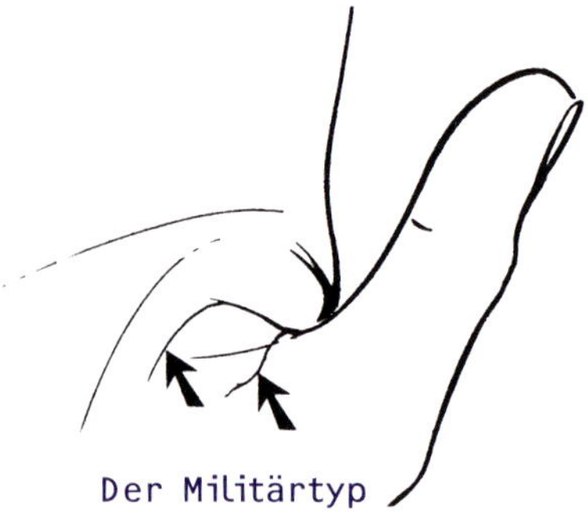

Der Militärtyp

MILITÄRISCHE LINIEN

Militärische Linien erscheinen auf dem Bereich, der unterer Mars genannt wird. Es zeigt, dass der Betreffende einen Beruf als Jugendführer, Pfadfinder, paramilitärischer oder paramedizinischer Fachmann oder als Feuerwehrmann ausüben möchte.

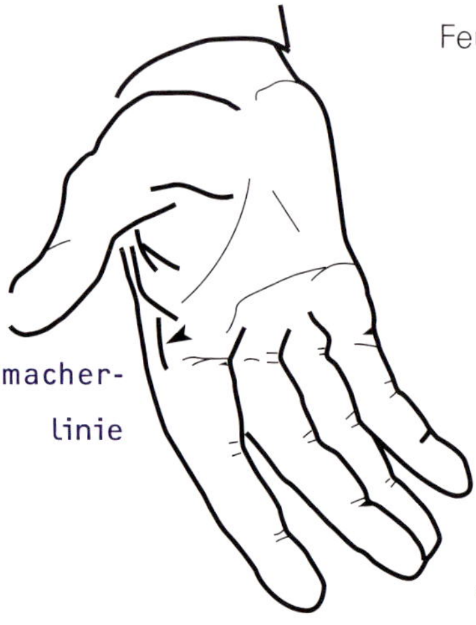

Geldmacher-linie

GELDMACHERLINIE

Wir können alles mit dieser Linie tun! Es ist eine dünne Linie, die vertikal an der Radialseite am Jupiterberg herunterläuft. Diese Linie hilft einer Person, die Eisen aus dem Feuer zu holen, wenn das Geld knapp wird.

DIE VIA LASCIVA ODER ALLERGIELINIE

Diese eigenartige Linie beginnt an der Handkante und läuft Richtung Mondberg. Der alte Begriff via lasciva bedeutet „lüsterner Weg" – und deutete an, dass eine Person sexsüchtig und pervers war. Das ist natürlich Unfug. Die häufigere Situation ist, dass eine Person an Allergien leidet. Allergien und Asthma treten vor allem dann auf, wenn diese Linie an einer Hand liegt, die viele Linien aufzeigt.

ARMREIFEN

Linien, die um das Handgelenk herum erscheinen, werden Armreifen genannt. Altmodische Handleser sagten, dass jeder Armreifen 30 Jahre eines Lebens repräsentiert, sodass wenn es drei Armreifen gibt, die Person über 90 Jahre alt wird. Diese Behauptung ist kein Fakt, aber wenn das obere Armband auf die Hand kriecht oder gebrochen ist, dann hat der Betreffende eine schlechte körperliche Verfassung.

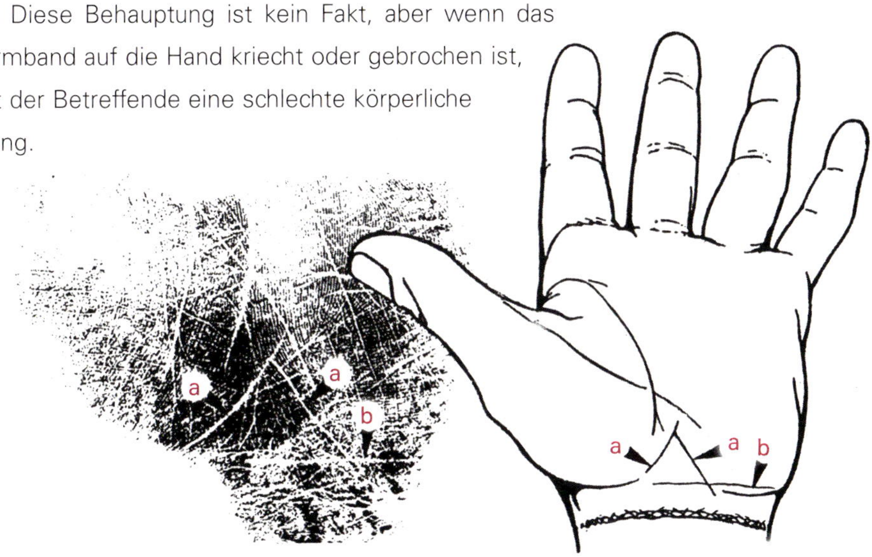

8

LIEBE UND BEZIEHUNGEN

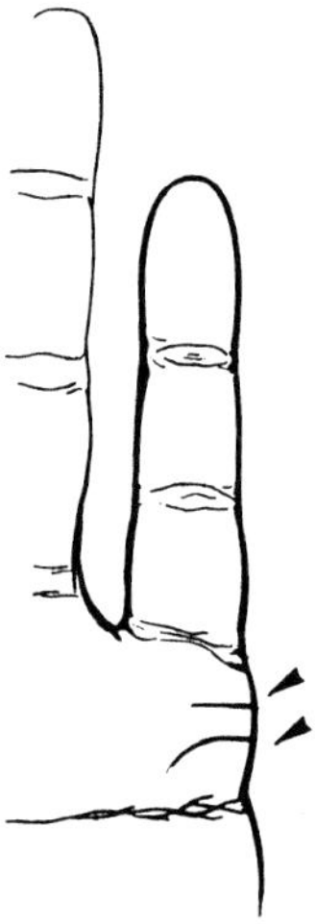

Anhangslinien

Sehen Sie immer auf beide Hände, um etwas über Liebe und Beziehungen zu erfahren, denn die Linien sind auf der schwächeren Hand oft besser zu sehen. Die Anhangslinien sind kleine Linien, die von der Handkante horizontal zur Handfläche hereinkommen und im Bereich zwischen dem kleinen Finger und der Herzlinie liegen. Manche veralteten Handlesebücher sagen, dass sie anzeigen, wie viele Kinder man bekommen wird, aber das ist nicht so.

Die Linien beziehen sich auf Erwachsenen-Beziehungen. Früher wurde damit Hochzeit gemeint – aber Hände zählen nicht die Heiratsurkunden, sodass diese Linien auf alle ernsthaften Beziehungen verweisen. Manchmal bildet eine Hochzeit nur eine schwache, verkümmerte Linie aus, während eine Affäre eine unverhältnismäßig stärkere erzeugt.

Ein heißer Tipp ist, sich die Farbe der Linien und der Bereiche, die sie umgeben, anzusehen. Hat sie die gleiche wie der Rest der Hand, dann sind Änderungen in nächster Zeit unwahrscheinlich. Treten Rötung, dunkle Verfärbungen oder viele kleine durcheinanderlaufende Linien in diesem Bereich auf, kann der Betreffende sehr unglücklich mit der laufenden Beziehung sein und es wird bald etwas Unerfreuliches passieren.

Es kann eine starke Linie geben, zwei Linien oder auch viele starke Linien, ebenso wie ein paar undeutliche. Diese Linien können erscheinen, verschwinden und ihr Erscheinungsbild schnell verändern. Es wäre nett, sagen zu können, dass eine Linie eine Beziehung bedeutet, zwei Linien zwei usw., aber dieser Bereich des Handlesens beschäftigt sich mit allen Gefühlen. Er bezieht sich mehr auf das, was im Kopf und Herzen eines Menschen vorgeht, als auf konkrete Fakten. Sie werden gleich sehen, was ich meine.

Auch wenn es keine allgemeingültige Regel gibt, finde ich, dass es am besten ist, sich bei den Anhangslinien von unten nach oben zu arbeiten. Die unterste symbolisiert die erste wichtige Beziehung. Linien von weiteren Beziehungen klettern dann von unten nach oben in Richtung Merkurfinger.

Theoretisch bedeutet eine starke Anhangslinie eine einzige lange Partnerschaft, aber es kann auch zeigen, was der Betreffende in einer idealen Welt will. Zerbricht eine Beziehung, wird er eine andere finden und versuchen, dass es funktioniert. Derjenige ist eher romantisch als berechnend. Er ist liebevoll und gibt alles, anstatt vorsichtig und selbsterhaltend zu sein. Er (oder eher sie) glaubt an das romantische Idealbild, einen Seelenverwandten zu finden, der alle emotionalen Bedürfnisse befriedigt. Ist diese Person glücklich, dann ist die erste und einzige Beziehung wunderbar und dauert an. Sie heiratet und lebt glücklich bis ans Lebensende. Wie Sie sich vorstellen können, ist dieses Ideal selten zu erreichen, aber die Linie zeigt, was sich die Person wünscht und dass sie es unbedingt erreichen will.

Hat der Betreffende mehr als eine Beziehung, wird er sich jeweils auf eine stärker konzentrieren. Daher wird eine Affäre während der Ehe auf emotionaler Ebene mehr zählen. Verliert der Betreffende den Geliebten, wird er diese Liebe nicht vergessen, aber er wird weitermachen und zu gegebener Zeit wieder lieben. In vielen Fällen erscheint später eine versteckte Linie hinter der Originallinie.

Gibt es zwei Anhangslinien, wird der Betreffende seine Beziehungen gegeneinander abwiegen, statt zu versuchen das Beste aus einer Beziehung zu machen. Er fragt sich, ob er wirklich für immer mit diesem Partner zusammenbleiben möchte. Er wird das nie offen zugeben, aber seine innere

Stimme sagt ihm, dass diese Ehe nicht richtig war. Zwei Eheschließungen sind in diesem Fall durchaus möglich.

Bei jungen Leuten scheinen oft eine Menge undeutlicher Linien auf, da sie sich noch nicht festgelegt haben. Das kann auch bei einer langen Periode wechselnder Beziehungen der Fall sein. Dann ist es das Beste, sich auf eine Linie zu konzentrieren, die hervorsticht. Sticht keine wirklich heraus, dann ist die Person noch nicht bereit sich wirklich festzulegen. Später werden einige dieser Linien verblassen und ein oder zwei werden stärker hervortreten.

DIE BEZIEHUNG BETREFFEND

Tod eines aktuellen oder früheren Partners

Es gibt viele Faktoren, die man hier sehen kann, und manche sind nicht erfreulich. Hier ist der schlimmste Fall – die Vorhersage des Todes eines Partners.

Die Anhangslinien werden tiefer, sehen leicht gekettet aus und gehen nach oben, wo sie die Basis des Merkurfingers berühren, oder es entsteht ein eigener Ring unter dem Merkurfinger. In diesem Fall wird der Betreffende einen Partner durch Tod verlieren. Dieses Zeichen kann schon ein paar Jahre vor dem Todesfall auftreten. Ich habe das schon bei Leuten gesehen, die den Partner verlassen haben, schon einen neuen Partner hatten und dann hörten, dass der vorige gestorben war.

LEICHTE UND ANSPRUCHS-VOLLE BEZIEHUNGEN

Sehen wir uns an, was uns die Bilder auf der Seite sagen. Das erste Bild zeigt zwei Linien. Eine Person kann eine gerade Linie oder eine, die nach unten zeigt, haben. Sie kann auch zwei Linien haben, von denen eine gerade und eine nach unten gebogen ist.

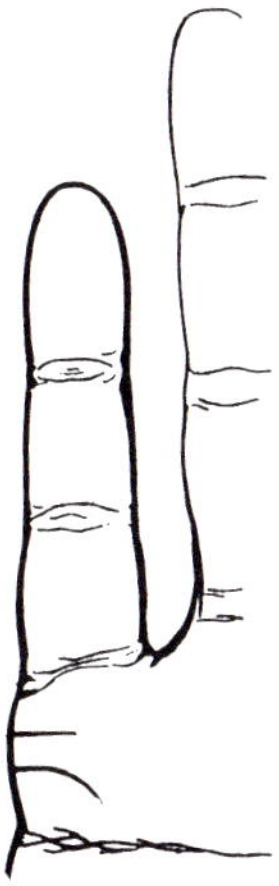

Leichte und schwierige Beziehungen

In der ersten Abbildung gehört die gerade Linie einer Person, die eine gute Beziehung für eine lange Zeit hat (oder haben will). Die gebogene Linie zeigt eine ähnlich lange Beziehung, aber der Betreffende wird mit der Zeit depressiv, da er von seinem Partner ausgenutzt, benutzt und unterdrückt wird.

In der nächsten Abbildung gibt es eine Linie, die sich nach oben biegt, und eine, die mit einer Gabel endet. Die Linie, die nach oben weist, besagt, dass der Partner des Betreffenden erfolgreich ist und dass er oder sie wohlhabend ist, Schauen Sie, ob es am Jupiterberg ein Kreuz gibt, denn das bedeutet die Heirat mit jemandem, der Geld hat. Die gegabelte Linie zeigt das plötzliche Ende einer Ehe oder Beziehung an.

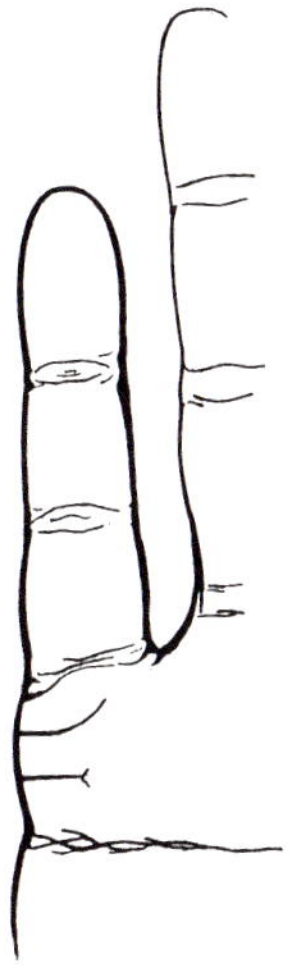

Eine nach oben gerichtete Kurve bringt einen erfolgreichen Partner. Eine kurze, scharfe Gabel zeigt den plötzlichen Bruch einer Beziehung

Eine Insel an der Anhangslinie deutet an, dass der Partner krank ist oder bald krank wird. Anderenfalls kann der Partner finanzielle, berufliche oder andere Probleme haben, die ihn beschäftigen.

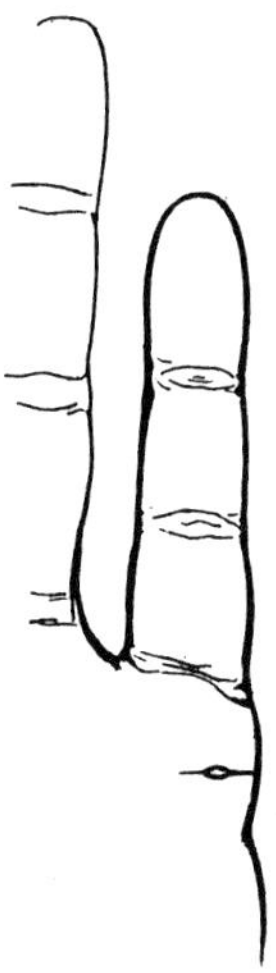

Ein kranker oder trauriger Partner

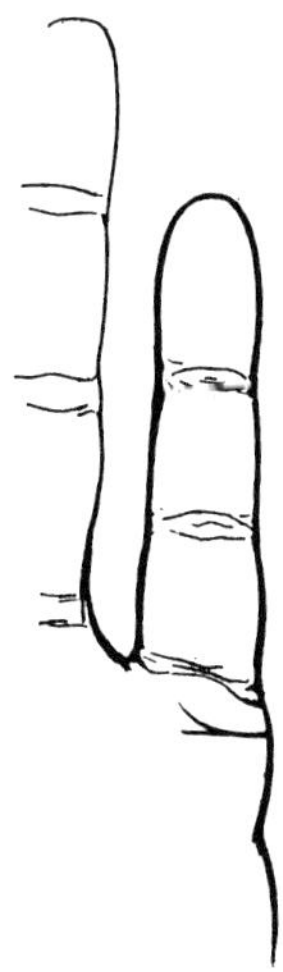

Diese Beziehung steckt in Problemen

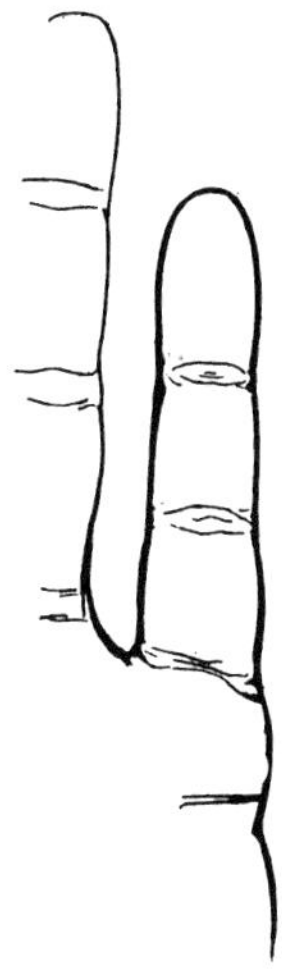

Parallele Leben

Eine gegabelte oder ausgefranste Linie besagt, dass die Beziehung in Schwierigkeiten steckt.

Parallele Linien zeigen, dass die Partner zwar im selben Haus leben, aber die Ehe emotional unbefriedigend ist.

Eine Linie, die sich an der Handkante gabelt oder verdoppelt, die dann aber in eine Linie übergeht, zeigt eine starke Freundschaft in der Ehe an. Es kann sein, dass die Partner, ehe sie zusammengekommen sind, schon Freunde waren.

Eine Linie, die eine dünnere Begleitlinie ein Stück oberhalb hat, weist darauf hin, dass sich der Betreffende für jemand anderen als für seinen Partner interessiert. Es können viele Dinge zwischen den Personen geschehen, aber eine außereheliche Affäre ist das häufigste Szenario.

Ich kann darüber eine lustige Geschichte erzählen. Vor vielen Jahren machte ich einen Kurs, mit dem ich nun an jeder

Volkshochschule in der Welt Erwachsene unterrichten darf. Die Leute im Kurs wollten alle etwas wie Kochen, Blumen arrangieren, Bilderrahmen basteln, Bürofertigkeiten, Fahrzeugpflege, Altersfürsorge und andere nichtakademische Dinge unterrichten. Unnötig zu sagen, dass ich etwas über Handlesen und Astrologie lehren wollte. Am Ende des Kurses mussten wir alle eine Präsentation machen. Manche nutzten einfache, praktische Techniken, während andere viele verschiedene Methoden benutzten, die wir nebenbei gelernt hatten. Wir machten unsere Präsentation vor den Studenten und Lehrern, die im Kurs mit uns gearbeitet hatten. Ich wollte einen Overheadprojektor benutzen und brauchte eine Versuchsperson für einen Handabdruck. Einer der Professoren meldete sich freiwillig, aber ich zweifle daran, dass er begriffen hat, wie detailliert Handlesekunst in den Händen eines Experten sein kann.

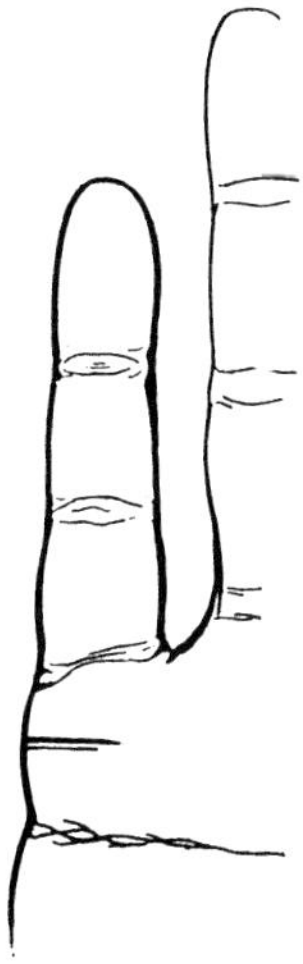

Tendenz zum Fremdgehen

Ich begann meine Präsentation, indem ich eine Linie nach der anderen durchging und schon bald verlor ich mich komplett in meiner Kunst, vergessend, welche Auswirkung meine Lesung auf meine Zuhörer und meine Versuchsperson haben würde. Endlich kam ich zu den Anhangslinien und ich erklärte, dass eine Begleitlinie neben der Hauptanhangslinie auf eine Affäre hindeutet, die die Ehe gefährden könnte. Ab diesem Zeitpunkt war alles ruhig und ich hörte nur ein gemeinschaftliches Einatmen. Als ich mich zu dem Lehrer drehte, bemerkte ich, dass er weiß wie die Wand war. Er hatte tatsächlich eine leidenschaftliche Affäre mit einer Mitarbeiterin. Kurz danach beendete er das Verhältnis und kehrte zu seiner Frau zurück. Oje!

Kommen wir aber nun zum Handlesen zurück.

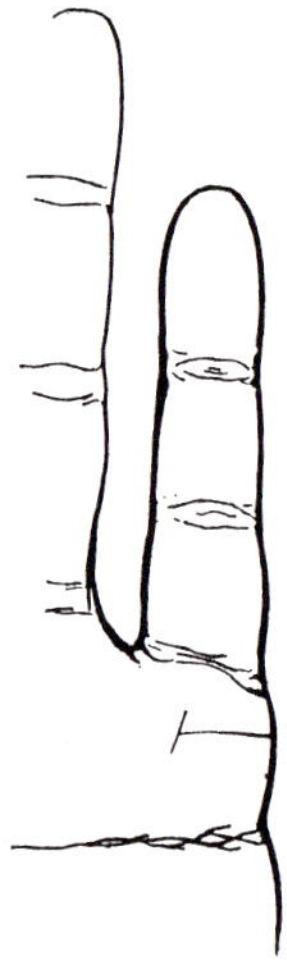

Erscheint ein Strich nahe an der Anhangslinie oder geht er durch die Anhangslinie durch, dann ist die Ehe so stark in Schwierigkeiten, dass ein Bruch vorherzusehen ist.

Ein Viereck über einer Anhangslinie kann Einschränkung bedeuten, aber auch dass der Partner in einer schwierigen oder gefährlichen Situation geschützt ist.

Diese Beziehung ist vorbei

KINDERLINIEN

Kinderlinien laufen vertikal durch die Anhangslinien. Sie können auf der Handkante sein, dort wo sich die Handfläche biegt, oder direkt auf der Handfläche liegen. Das ist auch für gute Handleser schwer zu beurteilen, da sie oft sehr fein und schwer zu sehen sind. Versuchen Sie ein wenig Talkumpuder auf die Hand zu geben, denn dann sind die Linien besser sichtbar. Eine Kinderlinie kann eine Anhangslinie auch schneiden.

Im Allgemeinen bedeutet eine Linie ein Kind, zwei Linien zwei Kinder usw. Gerade Linien deuten auf Söhne hin, gebogene Linien auf Mädchen. Das kann aber auch von der Natur des Kindes abhängen, denn ein höflicher, künstlerischer Junge kann oft durch eine gebogene Linie angezeigt werden und umgekehrt. Liegen Kinderlinien nahe aneinander, dann ist der Altersunterschied zwischen den Kindern gering. Ein Spalt kann anzeigen, dass die Kinder sehr verschieden sind oder der Altersunterschied sehr groß ist.

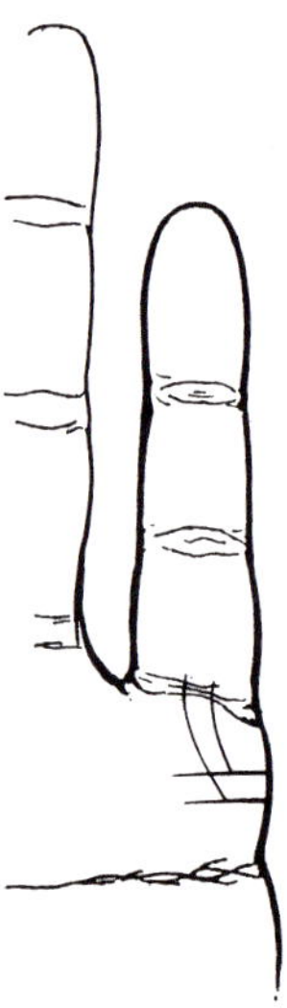

Kinderlinien (Mädchen)

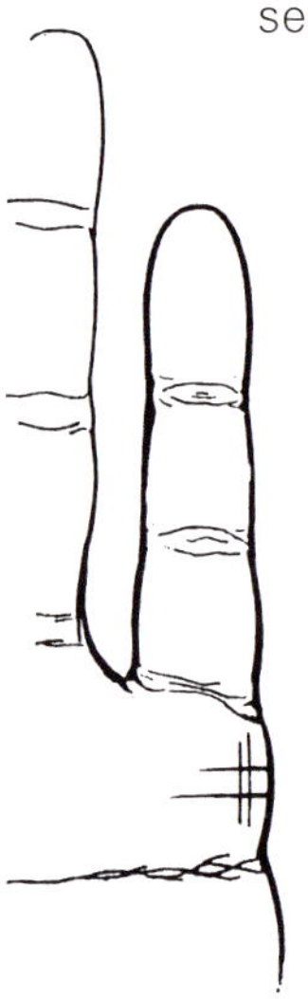

Kinderlinien (Jungen)

Manchmal hat jemand diese Linien, obwohl er keine Kinder hat. In diesem Fall hat derjenige wahrscheinlich häufig mit Kindern zu tun oder er unterrichtet sie, denn auch jemand, der sich viel mit Kindern beschäftigt, hat hier feine Linien. Das Gleiche gilt auch für Leihmütter oder eine Person, die sich um Tiere kümmert.

Störungen an Kinderlinien

- Die Regeln bei den Kinderlinien sind denen der anderen Linien ähnlich. Hier sind ein paar häufige Beispiele:
- Eine Insel auf der Kinderlinie besagt, dass das Kind krank oder auf irgendeine Art aufgewühlt ist.
- Ist die Kinderlinie gespalten, läuft ein Querstrich durch oder tritt eine andere Störung auf, dann fragen SIe nach, ob etwas mit dem Kind oder zwischen Eltern und Kind nicht in Ordnung ist.
- Ausgefranste Linien, mit einer Insel oder ohne Insel, oder Linien, die sich winden und wandern, aber nie eine Anhangslinie berühren, deuten auf Missbildungen und Fehlgeburten hin.
- Manchmal kann eine perfekte normale Linie auch für ein Kind stehen, das es aus irgendeinem Grund nicht ins Leben geschafft hat.

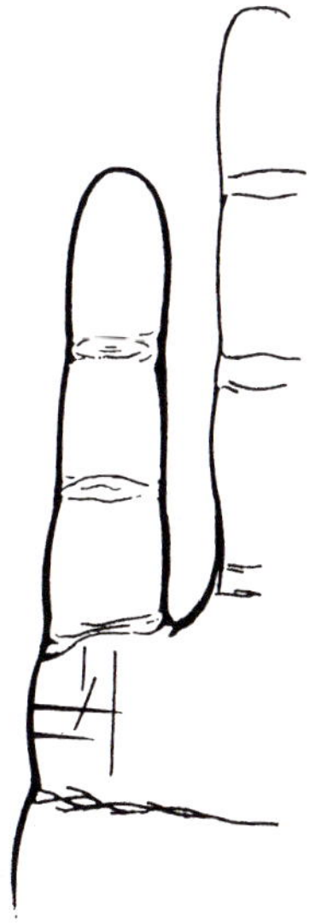

Eine von vielen Störungen an der Kinderlinie

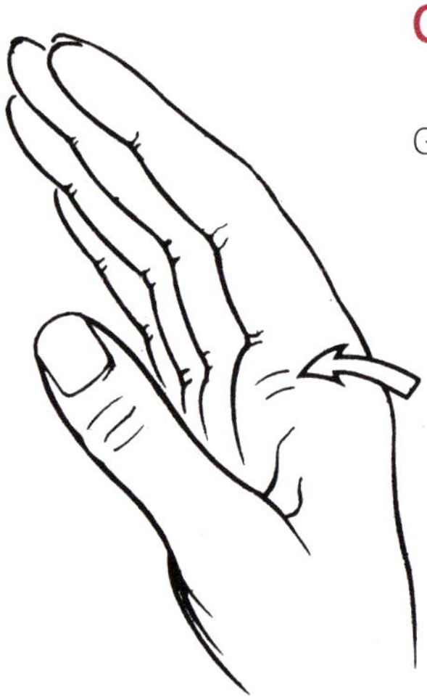

Geschwisterlinien

GESCHWISTERLINIEN

Geschwisterlinien verweisen auf Brüder und Schwestern. Sie können auch auf Cousins, Nachbarn und gute Freunde hinweisen, die wie Brüder und Schwestern sind. Sie liegen am gegenüberliegenden Ende der Anhangslinien. Es gibt ein Paar Dinge, die Sie von diesen Linien erfahren können.

- Gerade Linien bedeuten glückliche Geschwister.
- Auch eine nach oben gebogene Linie zeigt eine glückliche und erfolgreiche Geschwisterbeziehung an.
- Eine nach unten gebogene Kurve deutet eine unglückliche Geschwisterbeziehung an.
- Ein Viereck auf einer Geschwisterlinie bedeutet Schutz in einer schwierigen Situation.
- Ein Stern oder eine Verfärbung deutet ein zeitlich begrenztes Problem zwischen den Geschwistern an.

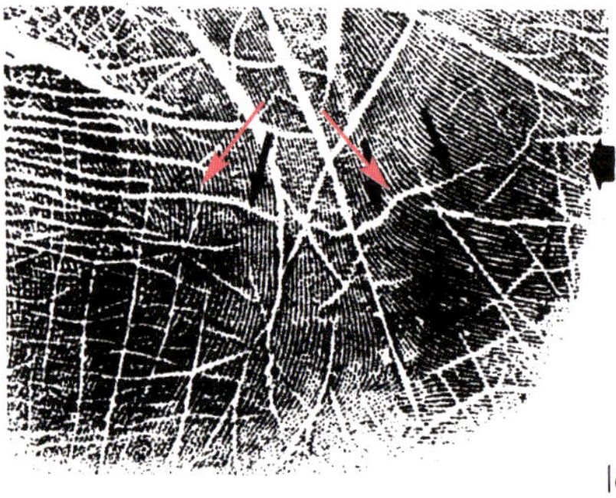

Linien, die uns beeinflussen

EINFLUSSLINIEN

Sofern die Person nicht beschlossen hat ein Einsiedler oder ein Eremit zu sein, dann ist das Leben auf die eine oder andere Art voller Beziehungen und es gibt viele Dinge auf der Hand, die etwas über unsere Beziehungen zu Menschen sagen. Es ist sinnvoll, nach einer oder zwei Streulinien – oder einem ganzen Bündel davon – zu suchen, die vom Venusberg kommen und über die Hand wandern. Das sind die Einflusslinien. Sie zeigen, inwieweit wir unseren Eltern, Partnern oder anderen Leuten erlauben uns einzuengen und über uns zu bestimmen. Sehen Sie solche Linien, dann verfolgen Sie deren Weg und sehen Sie nach, welchen Bereich auf der Hand sie queren. Das zeigt Ihnen dann die Bereiche an, in denen wir gehemmt sind, oder uns von einer diktatorischen Person unterdrücken lassen.

AMORS PFEIL ODER ETWAS IN DER ART

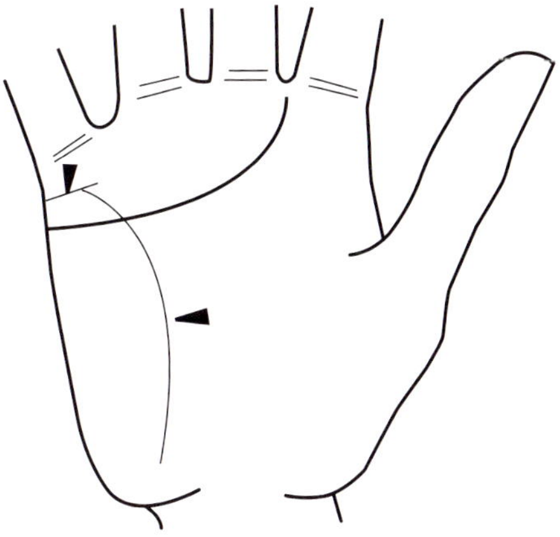

Eine leidenschaftliche Liebesaffäre

Es ist möglich, sich auf den ersten Blick in eine Person zu verlieben – allerdings beginnen fast alle leidenschaftlichen Beziehungen so. Der *Coup de foudre*, das Treffen mit einem Fremden, der unsere Knie zittern lässt und woraus bald heißes Verlangen, Leidenschaft, Schmerz, Ekstase usw. entsteht, ist eher selten, aber eine unvergessliche Erfahrung. Ein Hinweis darauf ist, wenn die Gesundheitslinie sich mit einer der Anhangslinien verbindet. Es kann auch Zeichen für eine traumatische Affäre sein, die schlecht für die Gesundheit ist.

9

ZEICHEN

Zeichen kommen und gehen, abhängig von der momentanen Situation der Person zum Zeitpunkt des Handlesens.

DAS VIERECK

Das Viereck kommt oft am Jupiterberg vor, wo es als Schutz für die ganze Person dient. Sie wird sich von Rückschlägen erholen. Ein vereinzeltes Viereck auf einer Linie umgibt manchmal einen Bruch oder eine Insel. Es wirkt dann als Schutz gegen Unfälle, Verletzungen oder größeren Verlust.

- Liegt das Viereck auf der Lebenslinie, gibt es Probleme mit der Wirbelsäule.
- Ist das Viereck auf der Kopflinie, gibt es Probleme mit dem Kopf.
- Liegt das Viereck auf der Herzlinie, gibt es Probleme mit dem oberen Teil des Körpers.
- Gibt es ein Viereck, aber nicht an einer Insel oder einem Bruch, ist der Betreffende unterdrückt worden.
- Liegt das Viereck auf der Lebenslinie, ist die Unterdrückung allgemein.
- Liegt das Viereck auf der Kopflinie, ist die Unterdrückung erzieherisch, mental oder berufsbezogen.
- Liegt das Viereck auf der Herzlinie, wird die Person vom Partner unterdrückt.

- Liegt das Viereck auf der Schicksalslinie, kann die Unterdrückung beinahe alles betreffen.

DAS KREUZ UND DER STERN

Ein Kreuz am Mond scheint eine wichtige Reise auf dem oder über das Wasser anzudeuten. Mir wurde einmal erzählt, dass eine Person mit einem Kreuz auf dem Mondberg niemals an der Seekrankheit leidet. Wenn ich bei gelegentlichen Veranstaltungen dieses unübliche Zeichen sah, fragte ich nach, ob die Personen seekrank würden und sie antworteten mit nein, sodass etwas an der Sache dran sein muss.

Kreuze auf Apollo bedeuten scheinbar, dass man etwas gewinnt – vielleicht beim Lotto oder bei der Tombola. Es bezieht sich auch auf Geld, das erst später eintrifft, wie z. B. durch Tantiemen. Eine Serie Kreuze, die nahe an der Handmitte entlanglaufen, stehen mit Personen in Verbindung, die in großen Gebäuden mit vielen Räumen arbeiten, wie Spitäler, Schulen oder große Bürogebäude. Ich denke, man sieht das auf den meisten Händen in New York oder London!

Ein Stern zeigt ein vorläufiges Problem an, also schauen sie auf die Berge und Linien, um zu sehen, was es ist.

WEITERE KLEINE ZEICHEN

- Ein Dreieck ist Zeichen für Talent.
- Ein Rhombus zeigt Gefühle des Eingesperrtseins an.
- Streulinien deuten Beeinflussung durch andere an.
- Rasterlinien zeigen Vitaminmangel oder Sorgen an.

Ein Gitter bedeutet immer Krankheit. Der Bereich auf der Hand verrät Ihnen, worauf die Krankheit zurückzuführen ist. Vor ein paar Jahren litt ich an „Frauenbeschwerden" die mit der Entfernung der Gebärmutter endeten. Als ich nach der Operation monatelang krank war, entdeckte ich, dass der untere Teil meiner rechten Hand voll mit Linien war, die ein riesiges Gitter bildeten. Einmal entdeckte ich dann, dass das Gitter kleiner wurde, aber es ist nie ganz verschwunden.

Punkte oder feine Tupfen auf einer Linie sind wichtig, denn sie deuten auf den plötzlichen Ausbruch einer Krankheit hin. Als mein erster Mann einen Nierenstein hatte, erschien ein dunkler Tupfen auf seiner Gesundheitslinie und blieb dort eine Zeit lang. Er verschwand, als der Nierenstein entfernt wurde und sich seine Niere wieder erholt hatte.

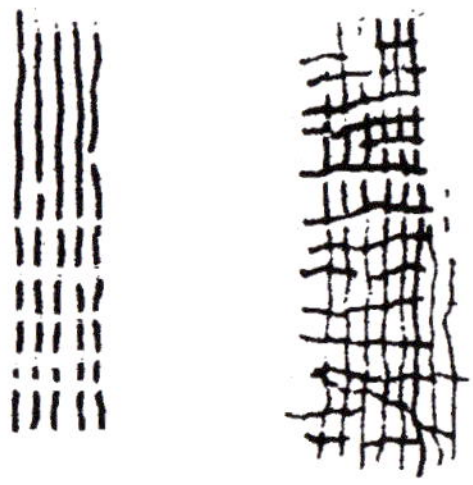

HAUTOBERFLÄCHENMUSTER

Wir denken bei Hautoberflächenmustern immer an Fingerabdrücke, aber diese Muster kommen auch auf anderen Teilen der Hand vor. Sie entstehen schon in der achten oder neunten Schwangerschaftswoche und bleiben lebenslang erhalten, aber sie ändern ihr Erscheinungsbild infolge des Alters oder einer Erkrankung. Schuppenflechte greift das Erscheinungsbild und die Muster auf den Fingern an. Es wundert mich daher, dass die Polizei und die Einwanderungsbehörde so viel Vertrauen in Fingerabdrücke legt.

Obwohl es wahr ist, dass sich die Hautmuster auf den Fingern und Händen nicht ändern, können Alter und Krankheit alles, außer sie auslöschen. Die Muster verändern sich, wenn wir krank oder erschöpft sind. Nehmen wir eine Auszeit oder bessert sich das Leben wieder, reparieren sich die Hautmuster selbst. Fingerabdrücke werden trüb, wenn wir älter werden, und sie können bei sehbehinderten oder blinden Leuten fast ganz verschwinden. Alkoholismus und Drogen greifen die Hautmuster in der Handfläche an und lassen die langen Linien in „Perlenketten“ zerfallen, vor allem am Mondberg.

Wir glauben, dass die Fingerabdrücke jeder Person einmalig sind, aber es hat schon Fehlurteile aufgrund von Fingerabdrücken gegeben. Keine zwei Leute können komplett die gleichen Fingerabdrücke haben – auch nicht eineiige Zwillinge – aber ein Fingerabdruck kann einem anderen so ähnlich sein, dass sie fast übereinstimmen.

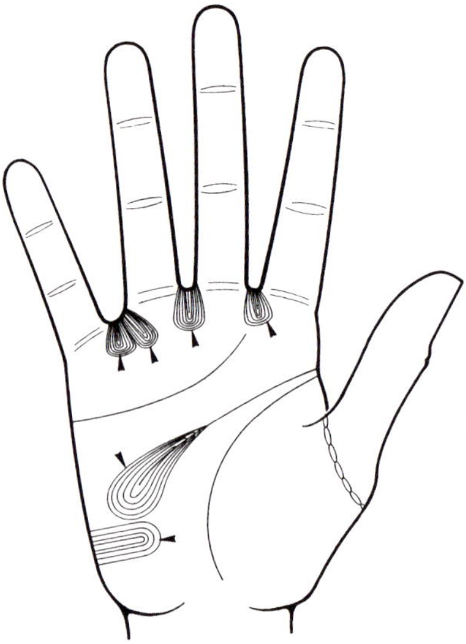

Schlaufenmuster

Auf der Handfläche tritt eher als auf den Fingerspitzen irgendwo mindestens eine Schlaufe auf. Die häufigste ist die Schlaufe des Humors. Manchmal können diese Schlaufen so klein sein, dass man genau hinsehen muss, um sie zu sehen.

Die Schlaufe ist fast die häufigste Form, aber sie kann auch einen kleinen Wirbel oder ein Pfauenauge in der Mitte enthalten.

- Die Königsschlaufe liegt an der Spitze der Handfläche zwischen dem Jupiterberg und Saturnberg. Es ist ein eher unübliches Zeichen, das auf königliches Blut hindeutet, vor allem, wenn es auf beiden Händen auftritt.

- Die Schlaufe der guten Absicht liegt an der Spitze der Handfläche zwischen Saturn- und Apolloberg. Sie gehört zu einem hart arbeitenden und scharfsinnig denkenden Menschen.

- Die Schlaufe des Humors liegt an der Spitze der Hand zwischen Apollo- und Merkurberg. Es ist ein hübsches Zeichen, das Sinn für Humor und Tierliebe anzeigt.

- Die Schlaufe des Stils tritt im selben Bereich wie die Schlaufe des Humors auf, aber sie lehnt sich oft an den Apolloberg. Das zeigt ein Gefühl für Stil und eine Vorliebe für Glanz an.

- Die Schlaufe der Erinnerung ist auf dem oder nahe beim Ende der Kopflinie. Sie zeigt, dass der Betreffende ein gutes Erinnerungsvermögen hat. Verkäufer, die sich an Namen der Kunden, Details des Produkts und an Preise erinnern, können so eine Schlaufe haben.

- Die Schlaufe der Landschaft kommt von der Seite der Handkante und endet am Mondberg. Diese Schlaufe weist auf Liebe zur Landschaft oder möglicherweise auch zum Meer hin.

Es gibt noch ein Zeichen, das Tri-Radius genannt wird. Das bedeutet drei Arme oder drei Radien. Ausschweifende Linien treffen in der Handfläche aufeinander und bilden ein Triangel, das leicht hervortritt. Manche Handleser glauben, es ist ein Zeichen für Herzkrankheiten, aber ich habe im Tri-Radius noch keine Bedeutung für etwas gefunden.

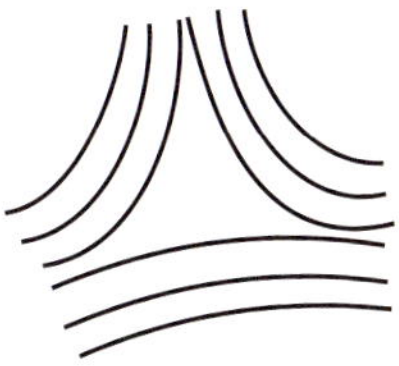

Der Tri-Radius

10

GESUNDHEIT AUF DER HAND

Das ist so ein großes Thema, dass man leicht ein Buch damit füllen könnte. Für diejenigen, die sich für Diagnosen, komplementäre Therapien oder andere gesundheitliche Inhalte interessieren, ist das der aufregendste und interessanteste Aspekt beim Handlesen. Für den Rest von uns ist es ein faszinierender Teil vom Ganzen. Es gibt Bücher, die sich auf diesen Bereich des Handlesens spezialisieren. Interessieren Sie sich hauptsächlich dafür, dann schauen Sie bei Amazon.com oder Amazon.co.uk nach. Mein eigenes verbessertes Buch, *Modern Palmistry*, hat ein großes Kapitel über Gesundheit, aber hauptsächlich deshalb, weil sich mein Koautor, ein spritueller Heiler, sehr dafür interessiert.

Ältere Leser waren sicher schon bei Ärzten, die über die Fingernägel Anämie nachgewiesen haben, indem sie den Nagel drückten und warteten, wie lang es dauerte, bis das Blut zurückkehrte. Ärzte verwendeten die Nägel auch um Schuppenflechte, Harnvergiftung, Tuberkulose und andere Erkrankungen nachzuweisen, aber heute verwenden Ärzte diese Methoden nicht mehr. Wenn ich erzähle, wie viel Information auf den Händen liegt, sind medizinische Fachleute immer überrascht und fasziniert.

ALLGEMEINE ANZEICHEN

Weiche Hände bedeuten, dass jemand ein leichtes Leben will, aber sie können auch Zeichen einer Erkrankung oder von Schilddrüsenproblemen sein, vor allem, wenn sich die Haut wie Zellophan anfühlt. Weichheit tritt auch in der Schwangerschaft oder bei den Händen von Vegetariern auf, was auf einen Eisenmangel im Blut hindeutet.

- Heiße, schwitzende Hände deuten auf mögliche Schild- oder andere Drüsenprobleme hin.
- Heiße, trockene Hände sind ein Zeichen für Bluthochdruck, Nierenprobleme und Fieber.
- Kalte Hände deuten auf schwachen Kreislauf, Schock oder Fieber hin.
- Feuchte Hände zeigen eine träge Leber an.
- Kalte Stellen deuten auf einen ungleichmäßigen Blutkreislauf hin, der auf Herzprobleme zurückzuführen ist, vor allem wenn manche Teile der Finger kalt und andere warm sind.

FARBEN

Wechselt die Hand die Farbe, ist das ein Zeichen für ein gesundheitliches Problem. Hier ein paar Beispiele:

rot: ein Raucher oder ehemaliger Raucher

bleich: schwacher Kreislauf oder Anämie

bläulich/lila/grau: Herzprobleme

gelb: Leberprobleme

DIE LINIEN

Kleine Tüpfchen entlang der Lebenslinie weisen auf Rückenschmerzen, Bandscheibenvorfälle oder andere Rückenprobleme hin. Betrifft das Problem den Nackenbereich, erscheinen sie am oberen Teil der Linie. Ist die Lendengegend betroffen, liegen die Tüpfchen weiter unten an der Linie, seitlich oder um den Venusberg.

Ketten auf der Kopflinie zeigen Kopfschmerzen oder Migräne an. Inseln auf der Kopf- oder Herzlinie beziehen sich auf Probleme mit den Augen, Ohren oder dem Kopf. Ein Bruch deutet auf eine Kopfverletzung hin. Eine wirklich sonderbare Kopflinie mit riesigen Inseln ist ein Zeichen für Geisteskrankheit. Eine eigenartige Form an der Kante, die wie eine Abgreifzange aussieht, die nach den Enden der Kopflinie greift, deutet auf Schlaflosigkeit hin.

Schuppige Beschaffenheit am Anfang der Herzline unter dem Merkurberg zeigt Herzprobleme an. Jede Störung oder Insel unter Saturn oder Jupiter, wo die Linie beginnt sich aufwärts zu biegen, ist ein Zeichen für Brustprobleme. Fransen entlang der Linie können einen Kaliummangel anzeigen, der zu Depressionen führt.

Punkte, Tupfen, blaue Flecken, Gitter, Verfärbungen, Rötungen oder alles andere, das auf einer Linie seltsam aussieht, kann das Zeichen für eine Entzündung im Körper sein.

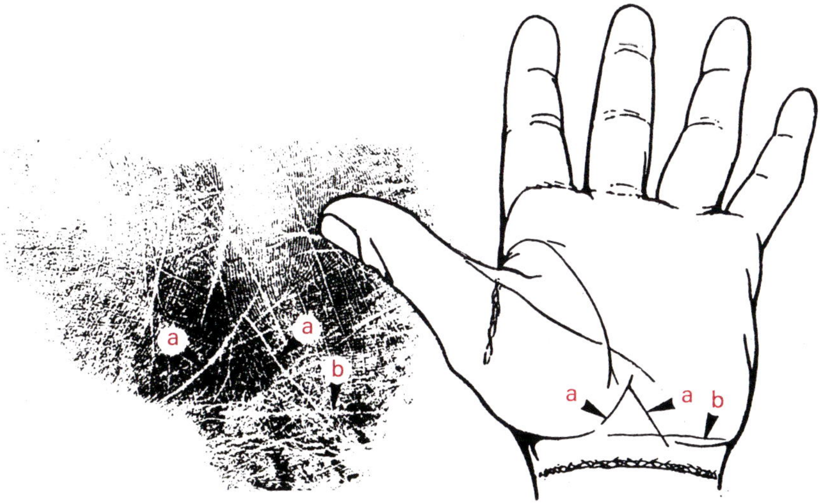

Frauenbeschwerden

Abweichungen, die unten am Neptunberg auftreten, weisen auf Frauenbeschwerden hin. Gibt es eine Dreiecksform, bei der die Linien plötzlich voller und fein durchbrochen sind, oder wenn dieser Bereich rot wird, dann ist Schwangerschaft die Ursache!

Eine einzelne Wucherung steht für ein zeitlich begrenztes Problem. Tritt sie am Handteller auf, ist der Betreffende selbst sein schlimmster Feind, tritt sie aber am Handrücken auf, hat jemand anderer das Problem verursacht. Noch einmal, bringen Sie das mit dem fraglichen Teil der Hand oder des Fingers in Verbindung.

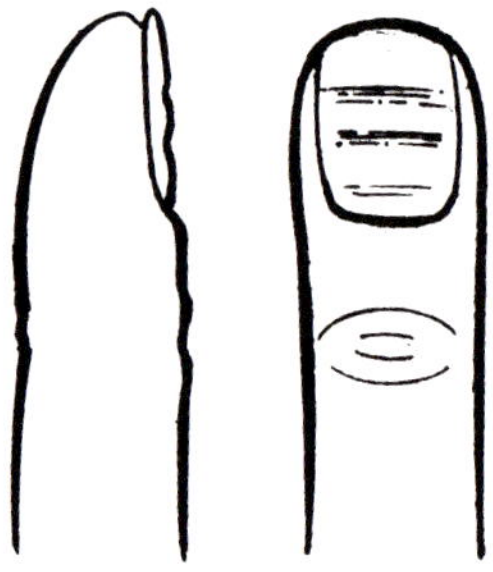

Ein Schock für das System

Fingernägel brauchen zirka sechs bis acht Monate, um von den Wurzeln bis zur Spitze zu wachsen, sodass sie laufende oder neue gesundheitliche und emotionale Probleme anzeigen. Seitliche Kerben zeigen die Dauer einer Erkrankung oder eine Störung an, als der Nagel gebildet wurde.

Längsstehende Kerben deuten Probleme mit den Knochen und Gelenken an; der dazugehörige Finger zeigt Ihnen den Teil des Körpers, der betroffen ist.

- Jupiter-Fingernagel – auf oder nahe beim Kopf
- Saturn-Fingernagel – Schultern, Wirbelsäule, Rippen, oder Becken
- Apollo-Fingernagel – Arme und Beine
- Merkur-Fingernagel – Unterarme, Handgelenke, Unterschenkel, Knöchel und Füße

Gelenksentzündung und andere Probleme in oder um die Knochen herum

Alte Handlesebücher reden von „Hippokratischen Nägeln" oder „Uhrenglas-Nägeln". Bei einer alten Taschenuhr, die an einer Kette hing, war die Vorderseite immer konvex oder wie ein Brillenglas geformt. Solche Nägel verrieten, dass die Person an Tuberkulose litt.

Ich dachte nie, dass ich das heutzutage noch sehen würde, aber vor ein paar Jahren gab ich eine Leseprobe, als ich für mein Buch in einem Buchladen warb. Eine junge Frau saß da und gab mir ihre Hände. Ich schaue zuerst immer auf den

Handrücken und so sah ich als erstes eine Reihe von Uhrenglasnägeln. Ich sah so etwas zum ersten Mal und erklärte, dass alte Texte der Handlesekunst dazu sagen würden, dass sie Tbc hätte. Sie erklärte mir daraufhin, dass diese alten Bücher recht haben, weil sie erst kürzlich wegen Tbc im Spital war, mit der sie sich bei einer Indienreise angesteckt hatte. Sie war nicht länger infektiös und am besten Weg zur Genesung. Ich erinnerte mich plötzlich mit Freude an den Tag, an dem wir in der Schule vor so vielen Jahren die Impfung gegen Tuberkulose erhalten hatten!

Uhrenglasnägel

Ich habe das auch in Fällen von Lungenkrebs gesehen. Manchmal tauchen haufenweise kleine glänzende Wucherungen an manchen Stellen der Hand auf – hauptsächlich an den Seiten – und das kann eine Warnung vor Krebs oder anderen Tumoren sein. Farb- oder Temperaturwechsel auf den Händen können jemanden vor potenziellen Herzproblemen warnen.

11

ZURÜCK ZUM ANFANG

Jetzt kehren wir zu unserer Szene zurück, die wir am Beginn des Buches gesetzt haben. Lassen Sie uns annehmen, dass Sie und Ihr neuer Freund sich getroffen und besser kennengelernt haben. Lassen Sie uns fortfahren und sehen, wie es in Zukunft weitergeht. Für das leichtere Verständnis gehen wir davon aus, dass Sie weiblich und das Objekt, für das Sie sich interessieren, männlich ist. Trotz allem trifft alles, was in diesem Zusammenhang gesagt wird auf beide Geschlechter zu.

Sie erinnern sich sicher, dass wir am Anfang auf die Handgröße geschaut haben. Sind Ihre Hände klein und die des Mannes groß, dann wird er die Schnelligkeit, mit der Sie sich bewegen und Dinge zu Ende bringen, schätzen, aber er selbst möchte nicht gehetzt werden. Er schätzt ruhige Abende, an denen er Musik hören und die Zeit verstreichen lassen kann. Sind seine Hände klein und Ihre groß, dann amüsiert Sie seine Gesellschaft und seine Energie, aber Sie finden es schwer, mit ihm mitzuhalten. Er ist schnell gelangweilt, also gehen Sie mit ihm eislaufen oder zum Bowling, anstatt dass Sie von ihm verlangen, Tag für Tag mit Ihnen zu Hause zu hocken und Videos anzusehen.

Links- und Rechtshändigkeit sind kein Problem. Einer von Ihnen hat ein künstlerischeres Auge als der andere, sodass der Linkshänder dem Rechtshänder helfen wird, nette Kleidung und modische Dinge für das Haus zu auszusuchen. Der Rechtshänder wird sich darüber freuen, es sei denn, seine Hände sind extrem steif.

Haben Sie bewegliche Hände und Ihr Wunschpartner hat steife, dann erwarten Sie nicht, dass er alles stehen lässt und mit Ihnen in ein Flugzeug steigt – und bitten Sie ihn nicht, Sie auf eine minimalistische Rucksacktour zu begleiten. Er braucht Zeit um Dinge zu planen und muss alles mitnehmen, selbst die Küchenarmaturen. Andererseits kann er, wenn er bewegliche Hände hat, mit Ihnen eine Reise zum Amazonas machen und nichts außer einer Zahnbürste und ein Paar Socken mitnehmen.

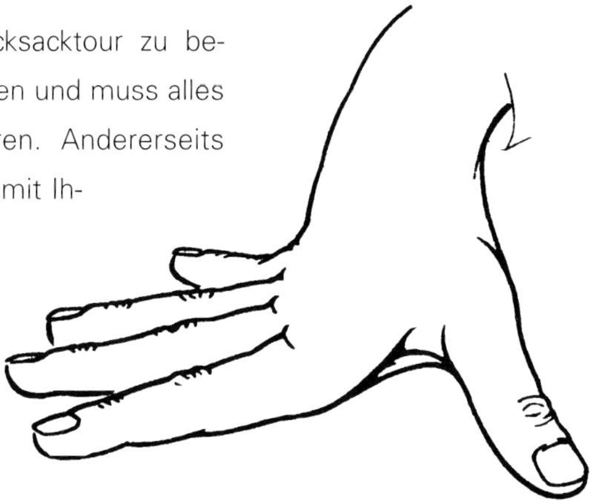

Bei flexiblen Händen reisen Sie gerne

Eine „belebte" Hand, die voller Linien ist, bedeutet, dass der Besitzer eine kleinliche, neurotische Persönlichkeit hat. Sind auch Sie jemand, der sich ständig Sorgen macht und die Ängste andere Leute auf sich überträgt, dann wird Sie der Partner verstehen. Jemand mit einer klaren Hand hat eine ruhige Stimme und Art, aber er kann auch in Sarkasmus und lang anhaltende Launenhaftigkeit verfallen, wenn Dinge nicht so laufen, wie er sich das wünscht. Sie müssen für sich herausfinden, mit welcher dieser beiden Übel Sie eher leben können. Ein sanfter Hautton zeigt Sensitivität und Kultiviertheit an; ein gröberer deutet auf eine einfachere Natur hin.

Es ist wichtig für ein Paar, ähnliche Anschauungen über Geld zu haben, also schauen Sie, wie sich die Finger spreizen. Spreizen sie sich weit, mit großen Abständen zwischen den Fingern, können Sie davon ausgehen, dass er spendabel ist und Geld fürs Ausgehen und Spaßhaben ausgibt. Das kann großartig sein, solange Sie sich nur treffen, aber erwarten Sie nicht, dass er über Nacht verantwortungsvoll wird, wenn sie sesshaft werden.

Ein Mann, dessen Finger nahe beieinander liegen, sodass kein Licht durchkommt, wird sein Geld zusammenhalten. Er kann auch verschlossen sein. Wenn Sie einen Mann wollen,

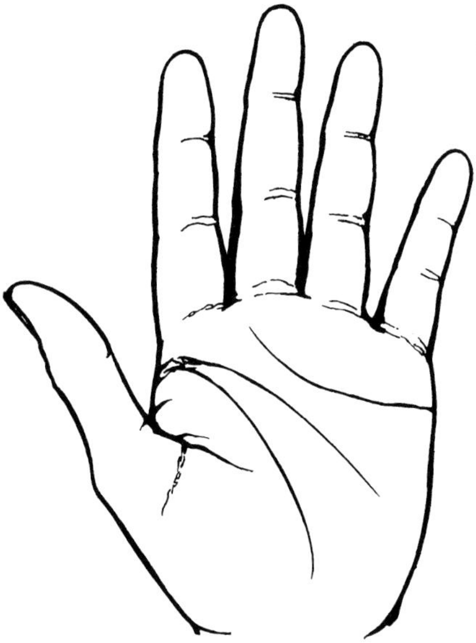

der gut mit Geld umgehen kann und nicht der ganzen Welt von seinen Geschäften erzählt, dann ist das der Mann für Sie – vor allem, wenn seine Fingerspitzen eckig sind. Er kann Sie finanziell unterstützen, aber wenn Sie auf Spaß aus sind … Sie werden nicht viel bekommen. Für eine vernüftige Einstellung zum Geld müssen Sie nach Händen sehen, die weder zu gespreizt noch zu eng anliegend sind. Suchen Sie auch nach einem Daumen, der angemessen beweglich, aber nicht so gelenkig ist, dass sich der Ballen nach hinten biegt.

Ein geselliger Mann

Ein geselliger Mann hat runde Fingerspitzen und einen Daumen, der sich weit öffnet. Er versucht mit Ihrer Familie und Ihren Freunden gut auszukommen und kann hilfsbereit sein, vor allem, wenn sich seine Fingerspitzen nach hinten biegen, wenn Sie sie drücken.

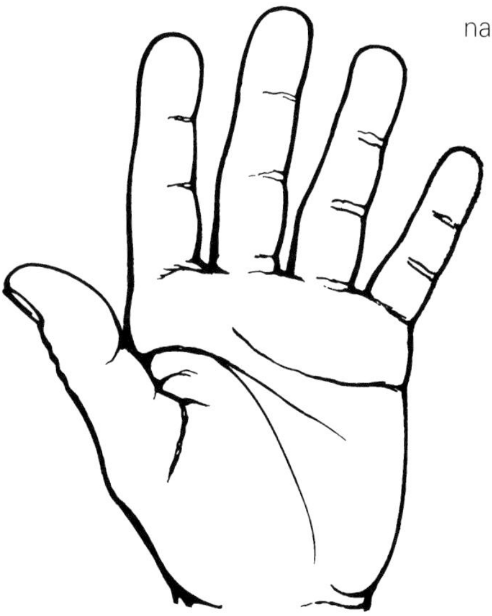

Wenn Sie es vorziehen, am Land mit Pferden, Bauernhoftieren und Natur zu leben, dann werden Ihre Hände eckig sein. Sie sollten sich einen Partner mit ähnlichen Händen suchen.

Nehmen Sie die Hände eines Mannes, um zu beurteilen, ob er hart arbeitet, denn starke Hände bedeuten, dass er das tut, während schwache anzeigen, dass er maßlos und faul ist. Das ist okay, wenn er ein unabhängiges Einkommen hat, aber es ist nicht so gut, wenn er hofft, dass seine Freundin ihn versorgt. Auf der anderen Seite hat ein Mann, der sich selbst stark antreibt, wenig Zeit und Sie werden zu Hause sitzen und auf ihn warten, während er seine nächste Million verdient. Sind Ihre Hände

Eckige Hände bedeuten Sachlichkeit

hart, dann macht es Ihnen nichts aus zu arbeiten, aber sind Ihre Hände weich, dann brauchen Sie einen Mann, der sich um Sie kümmert und Entscheidungen für Sie trifft.

Sind Ihre Finger geschmeidig und besonders lang, dann können Sie unpraktisch sein und allergisch darauf, mit Details zu arbeiten. In diesem Fall suchen Sie sich einen Partner mit knotigen Knöcheln, denn er liebt das.

Aber was ist mit Sex? Es gibt hier tatsächlich ein paar Regeln. Ein Mann mit großen Händen wird sich beim Liebesakt Zeit lassen und weniger zu Abartigkeiten geneigt sein als einer mit kleineren Händen. Suchen Sie auch nach einem weiten Venusberg. Der Mann mit einem hohen Berg will häufig Sex haben; einer mit flacherem Venusberg ist ein ausgezeichneter Liebhaber, aber er muss nicht so oft wie möglich Sex haben. Die Höhe des Berges hängt in gewisser Weise auch mit der Härte der Hand zusammen.

Ist der Venusberg verkrampft, dann hat der Partner eine ungewönliche Einstellung. Eine Freundin von mir traf sich mit einem freundlichen Mann, der einen sehr schmalen Venusberg hatte. Die Konversation war großartig (er hatte einen regen Verstand), aber der Liebesakt war sehr seltsam, denn er hatte es am liebsten, wenn sie „großmütterliche" Unterwäsche trug, die er für sie gekauft hatte. Seine Eigenheit gefährdete weder sie noch irgendjemand anderen, aber es nahm den Glanz von der Beziehung!

Sehen Sie sich Ihren eigenen Venusberg und Ihren Merkurfinger an. Zeigen Sie eine Form von Sinnlichkeit (eine vollgeformte Venus und einen Merkurfinger, dessen oberes Fingerglied breiter ist als die unteren beiden), dann wählen sie um Gottes willen einen liebevollen Mann. Ein

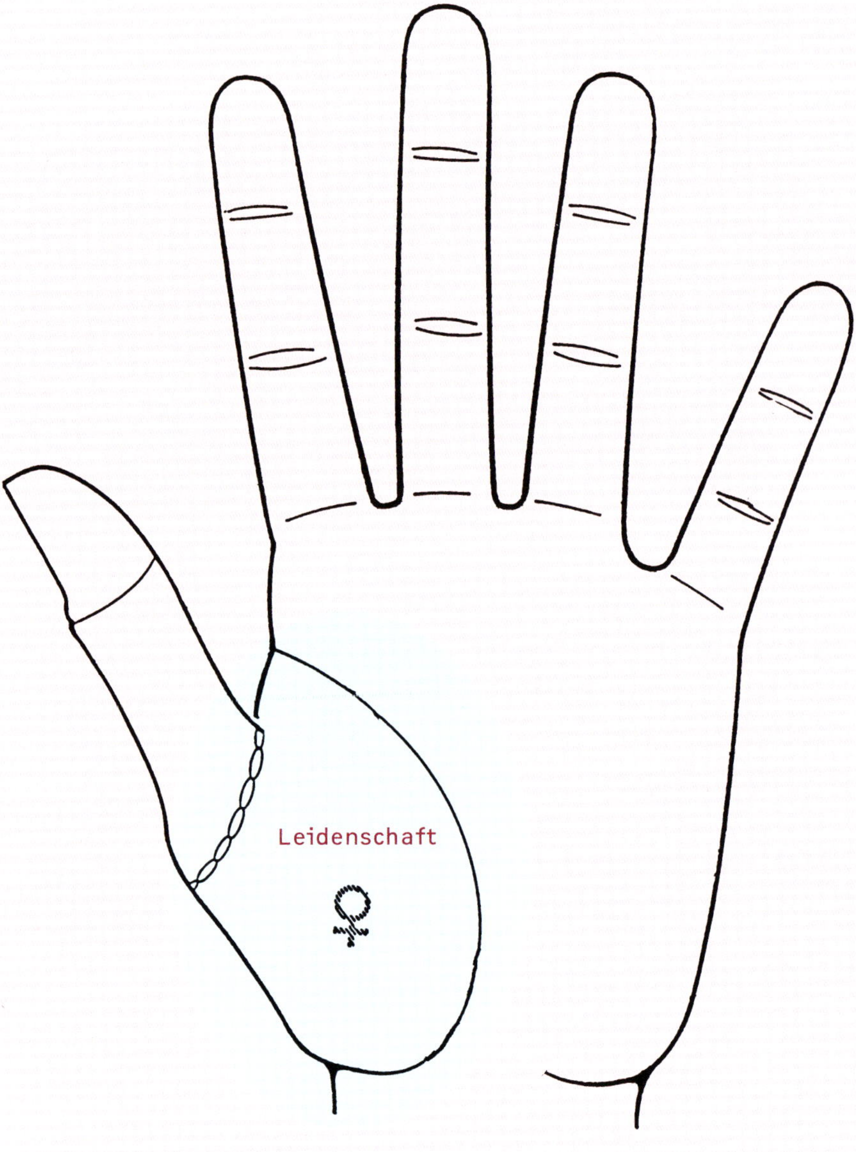
Leidenschaft

Mann, der es vorzieht, in seiner Freizeit Modellflugzeuge zu basteln oder riesige Zwiebeln anzubauen, kann irgendjemandem gefallen, aber sicher nicht Ihnen.

Ein sehr großer und hoher Venusberg zeigt Lust am Leben und der Liebe an. Dieser Mann wird sie zitternd zurücklassen und sie werden sich nach den Stunden, die sie mit ihm in großartiger Zuneigung verbracht haben, sehnen. Er kann es aber auch nicht lassen, ein paar andere Frauen mit guten Erinnerungen zurückzulassen! Allerdings kann der Mann mit Ihnen stundenlang Sex haben, der bei Ihnen Gänsehaut verursacht, und dann alles wieder vergessen, sobald er die Tür hinter sich zumacht, wenn er von Ihnen weggeht.

Die Lebenslinie kann Ihnen viel über seine sexuellen Neigungen erzählen. Ist sie tief und stark, dann will er regelmäßig Sex, aber er wird nicht einer der einfallsreichsten oder selbstlosesten Liebhaber sein. Eine leichtere und eher gefiedertere Lebenslinie deutet auf Selbstlosigkeit und Kultiviertheit hin. Ist Ihre eigene Lebenslinie kräftig, dann sind Ihre sexuellen Bedürfnisse sehr stark, aber wenn sie schwach ist, dann können sie sich entspannen, wenn sie sich geschätzt und geliebt fühlen. Sie werden zurückschrecken und sich selbst schützen, wenn Ihr Partner Sie verletzt oder verärgert. Wenn das Leben außerhalb der Beziehung Sie verängstigt, traurig oder wütend macht, oder wenn jemand Sie tyranniesiert und ständig belästigt, dann werden Ihre sexuellen Bedürfnisse kurzzeitig aussetzen.

Versuchen Sie einen Blick auf seine Herzlinie zu werfen. Lassen Sie uns auch annehmen, dass er Afroamerikaner ist, mit dem schönsten Lächeln, das Sie je gesehen haben, und Sie sind eine ebenso reizende Asiatin. Läuft seine Herzlinie gerade über beide Hände, dann hat er nicht vor, Sie seiner Mutter oder seinen Freunden vorzustellen. Biegt sie sich an der linken Hand, dann ist ihm egal, was die anderen Leute über die Person sagen, mit der sich trifft. Eine gebogene Linie auf beiden Händen bedeutet, dass er aus Liebe heiraten will – und wenn er Sie liebt, genügt ihm das schon. Natürlich ist auch Ihre Herzlinie wichtig. Im Grunde müssen Sie jetzt schon wissen, ob Sie eine Checkliste mit sozialen und kulurellen Eigenschaften haben, die er erfüllen muss, oder ob die Liebe allein Ihnen genügt.

Wählen Sie einen Mann mit einer netten, klaren Kopflinie und Sie wissen, dass er gescheit ist. Ein paar kleine Äste oder kleine Inseln auf der Linie sind in Ordnung, denn sie zeigen Gewinne oder Verluste, aber ein richtiges Durcheinander bedeutet, dass etwas mit seiner Gesundheit oder seiner Mentalität nicht stimmt. Ist Ihre eigene Kopflinie ein Durcheinander, dann gehen Sie in Behandlung.

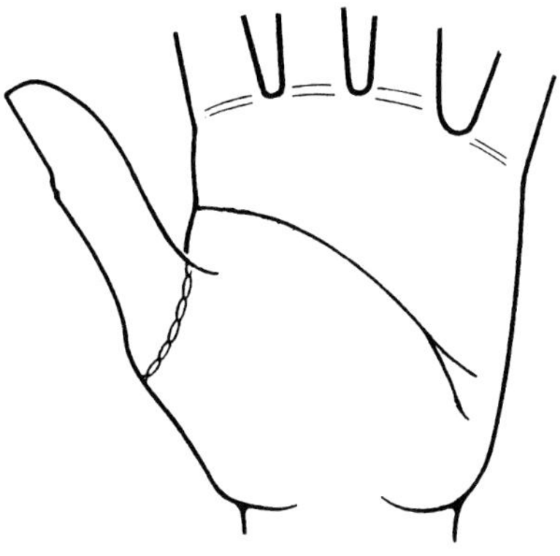

Dieser Mann schickt Ihnen Blumen und Gedichte

Ein glatte Lebenslinie deutet auf einen leichten Lebensweg mit wenig Veränderungen hin. Zumindest wissen Sie, dass Sie das, was Sie sehen, auch kriegen und das Leben mit diesem Mann wird hübsch nach Plan laufen. Schauen Sie, ob sie sich am unteren Ende biegt oder ob sie an der Handfläche nach außen wandert. Er will in der Nähe seines Zuhauses sein, wenn sie sich biegt. Er kann sich nicht lösen, wenn Lebens- und Kopflinie aneinandergebunden sind und wenn die Schicksalslinie in der Nähe der Lebenslinie beginnt. Zieht die Lebenslinie nach außen, wird sich der Mann auf seine Arbeit konzentrieren und hat den Wunsch zu reisen. Eine Linie, die sich gabelt, zeigt Interesse für viele Lebensbereiche an. Schauen

Sie, ob Ihre Lebenslinie übereinstimmt. Ein kleiner Unterschied peppt die Beziehung auf, aber ein großer führt zu einem Desaster.

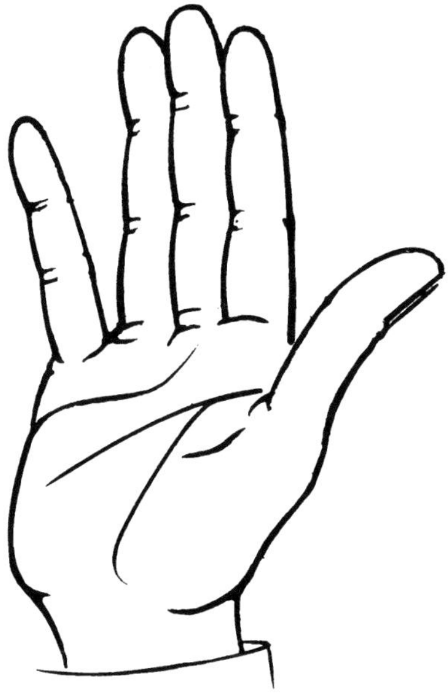

Ein unproblematisches Leben

Ist er ein älterer Mann mit einer Anhangslinie, die neben der Herzlinie, den Kinderlinien und einer gebogenen Linie liegt, dann glauben Sie ihm nicht, wenn er Ihnen erzählt, dass er noch nie verheiratet war. Er kann es auch noch immer sein.

Es gibt noch viele Dinge, die man entdecken kann, aber hier sind ein paar, die Sie vermeiden sollten. Eine dicke, fette Handkante, die sich nach außen biegt, ist ein Zeichen für Gewalttätigkeit. Steife, kleine Finger, die wenig Licht durchlassen, und Gesten, die mehr den Handrücken als die Handfläche zeigen, bedeuten Aggression und den Wunsch, andere in der Hand zu haben. Dieser Mann kann verbal oder tätlich aggressiv sein. Das Gleiche gilt für große, dicke, grobhäutige Hände.

Ein langer Saturnfinger kann ein Interesse für Religion andeuten – vor allem, wenn die Fingerspitze spitz ist. Ein sehr kurzer Saturnfinger zeigt, dass der Mann am liebsten Risiken eingeht oder spielt.

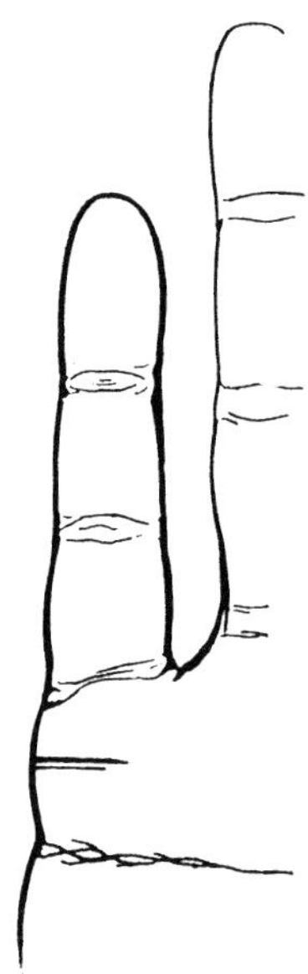

Können Sie diesem Mann trauen?

Schauen Sie auf Ihre eigenen Hände und denken Sie darüber nach, was Sie vom Leben und der Liebe erwarten; dann überprüfen Sie, ob sich Ihre neue Bekanntschaft von Ihnen unterscheidet … aber nicht zu viel. Dann können Sie wirklich glücklich werden!

12

WIE MAN HANDABDRÜCKE MACHT

Eine schnelle Art Handabdrücke zu machen ist die Hand mit dunklem Lippenstift zu bestreichen und sie dann auf feines oder dünnes Papier zu legen, wobei man das Papier vorsichtig in die Mitte der Hand drücken und danach abziehen muss. Wollen Sie die Sache aber sorgfältiger machen, brauchen Sie das richtige Werkzeug.

DIE AUSRÜSTUNG, DIE SIE BRAUCHEN

Farbe oder Druckfarbe

Gehen Sie in ein Geschäft für Künstlerbedarf und kaufen Sie Druckfarbe auf Wasserbasis. Diese Druckfarbe sieht wie eine Farb- oder Zahnpastatube aus. Verwenden Sie am besten schwarze, dunkelrote oder eine andere dunkle Farbe.

Suchen Sie nach Druckfarbe, die es in vielen Farben gibt. Farbe auf Ölbasis verschmiert und lässt sich nur schwer von Händen und Kleidern abwaschen. Sie können auch winzige Tuben Fingerabdruckfarbe kaufen. Sie ist viel feiner als Druckfarbe, aber auf Ölbasis und schwer für die ganze Hand zu verwenden.

Eine Walze

Verwenden Sie eine kleine Gummiwalze.

Eine Fliese oder einen Teller

Eine Badezimmerfliese eignet sich ausgezeichnet, wenn Sie noch eine überschüssige herumliegen haben, oder Sie verwenden einen alten Porzellanteller.

Papierhandtuch

Verwenden Sie eine Rolle Papierhandtücher, wie wir sie benutzen, um ausgelaufene Flüssigkeiten wegzuwischen.

Einen Stift

Einen Filzstift, um die Hand zu umranden.

Papier

Ein normales Fotokopierpapier oder Druckerpapier eignet sich ausgezeichnet. Teures Papier ist viel schlechter als billiges Papier, weil es oft mit einer Schicht aus Lehm durchzogen ist.

Also ...

Besorgen Sie für sich und Ihre Versuchsperson eine Schürze. Schauen Sie, dass Sie gleich neben einem Waschbecken stehen, ein altes Handtuch oder Kleidungsstück zur Hand haben, um die Schweinerei abzuwaschen und was noch? Ach ja, Sie brauchen ein Versuchskaninchen!

UND SO GEHT'S

1 Legen Sie mehrere Papierhandtücher übereinander, um eine weiche Basis zu schaffen. Nehmen Sie noch ein paar Blätter, falten Sie sie in die Hälfte und legen Sie sie in der Mitte quer über den Haufen.

Verwenden Sie mehrere Papierhandtücher

2 Legen Sie mehrere Blätter auf den Stapel mit den Papierhandtüchern.

Verwenden Sie mehrere Blätter Papier

3 Drücken Sie ein wenig Druckfarbe auf Ihre Fliese oder Ihren Teller – etwa zwei Zentimeter sind ausreichend.

Verwenden Sie nur eine kleine Menge

4 Rollen Sie die Walze in der Druckfarbe hin und her, bis sie so bedeckt ist, dass sie weder zu dick noch zu feucht ist.

Färben Sie die Walze nicht zu sehr ein

5 Färben Sie jetzt die Hand Ihres Freundes. Nehmen Sie wenig Farbe, sonst wird der Abdruck ein unleserlicher Fleck.

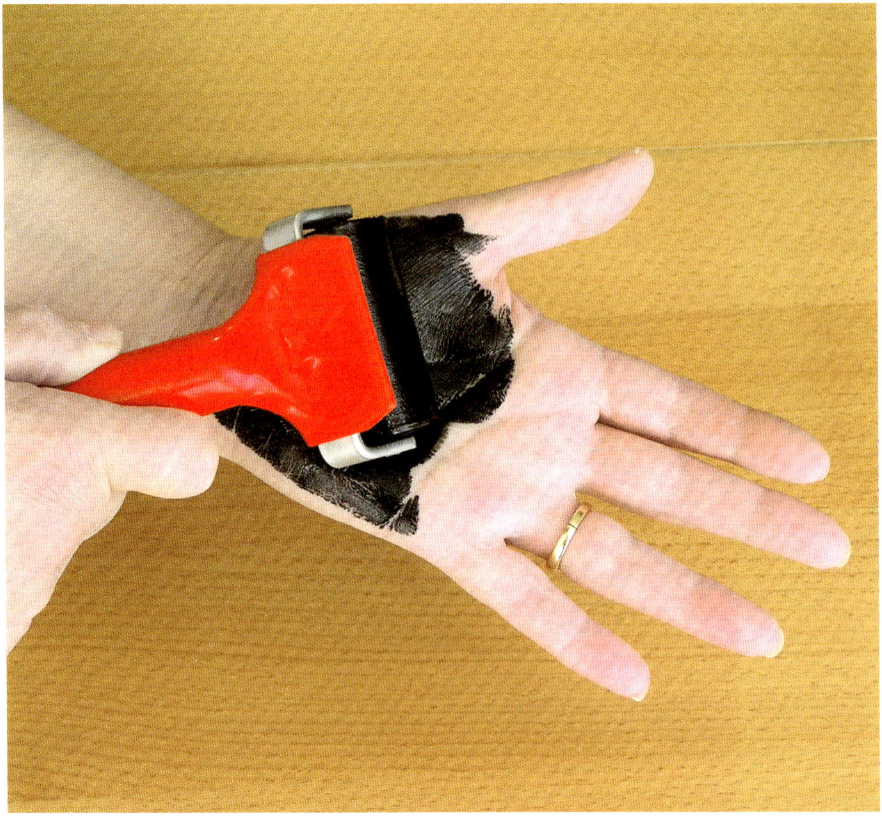

Das ist der lustige Teil

6 Ihr Freund soll nun die Hand ausruhen. Dann legen Sie sie auf das Papier, und zwar mit der Handfläche genau auf den weichen Hügel. Drücken Sie nicht zu fest, sonst verschmiert der Abdruck. Drücken Sie nur an der Stelle leicht, an der die Finger und der Daumen an der Hand angrenzen.

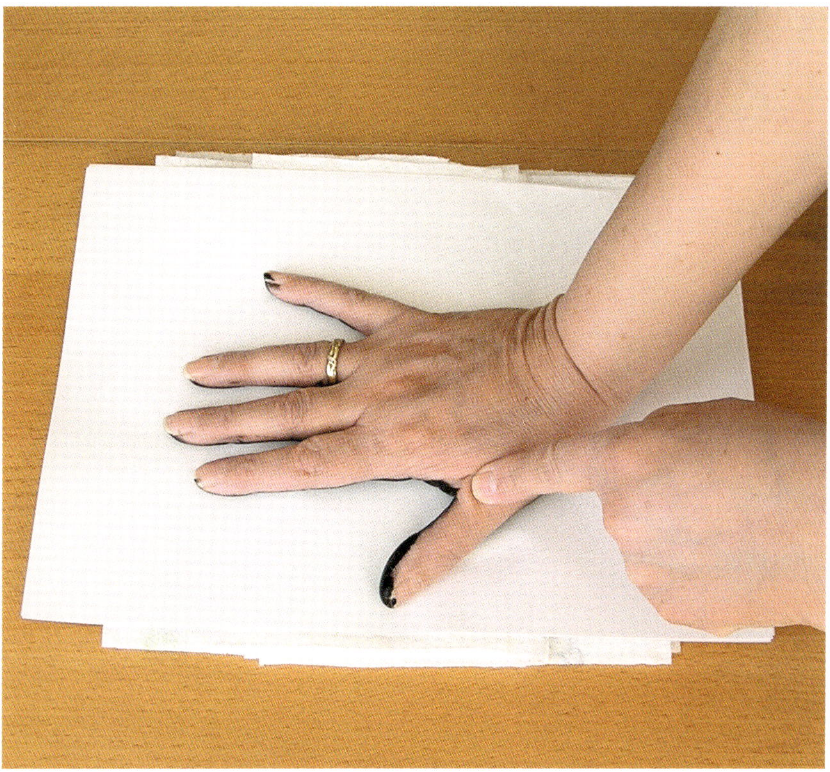

Machen Sie das langsam

7 Lassen Sie die Hand kurz liegen und umranden Sie sie dann mit einem Stift. Verdrehen Sie den Stift nicht, denn das verdirbt den Abdruck. Skizzieren Sie ihn nur. Wenn Sie nicht zwischen die Finger kommen, drücken Sie den Stift nicht hinein, sondern umranden Sie nur die Fingerspitzen.

Halten Sie den Stift hier aufrecht

8 Halten Sie jetzt das Papier oben und unten fest und lassen Sie Ihren Freund seine Hand langsam abheben, beginnend beim Handgelenk.

9 Schreiben Sie auf das Papier, ob es die linke oder rechte Hand war, und schreiben Sie Name und Alter des Freundes und das Datum darauf. Machen Sie das Gleiche mit der anderen Hand und lassen Sie die Abdrücke trocknen. Fotokopieren Sie dann den Abdruck und geben Sie das Original in einer Klarsichthülle in eine Ringmappe.

Ist die Hand in der Mitte hohl, wird in der Mitte des Abdrucks eine leere Stelle sein. Fertigen Sie in diesem Fall einen neuen Abdruck an. Bitten Sie dann Ihren Freund, ganz vorsichtig die Hand, an der noch das Papier klebt, am Ende des Handgelenks anzuheben; schieben Sie Ihre Hand langsam und vorsichtig unter das Papier und drücken Sie Ihre Finger ganz sanft in die Mitte seiner Hand. Erzählen Sie ihm, dass ein kleiner Hohlraum in der Hand bedeutet, dass man viel Geld bekommt – obwohl man es sich üblicherweise hart erarbeiten muss.

Bekommen Sie trotzdem keinen vollständigen Abdruck, legen Sie das untere Ende des Papiers auf ein Nudelholz oder eine Weinflasche und legen Sie die Hand Ihres Freundes darauf. Rollen Sie das Nudelholz vor und zurück und lassen Sie die Hand mitrollen. Das kann zwar die Fingerumrisse zerstören, aber Sie bekommen einen tollen Abdruck von der Handmitte. Heften Sie die verschiedenen Abdrücke aneinander, sodass Sie alle Informationen haben, die Sie für Ihre Aktensammlung brauchen. Wenn Sie einen Abdruck von Ihren Händen machen, wiederholen Sie ihn alle paar Monate, um zu sehen, was sich verändert hat.

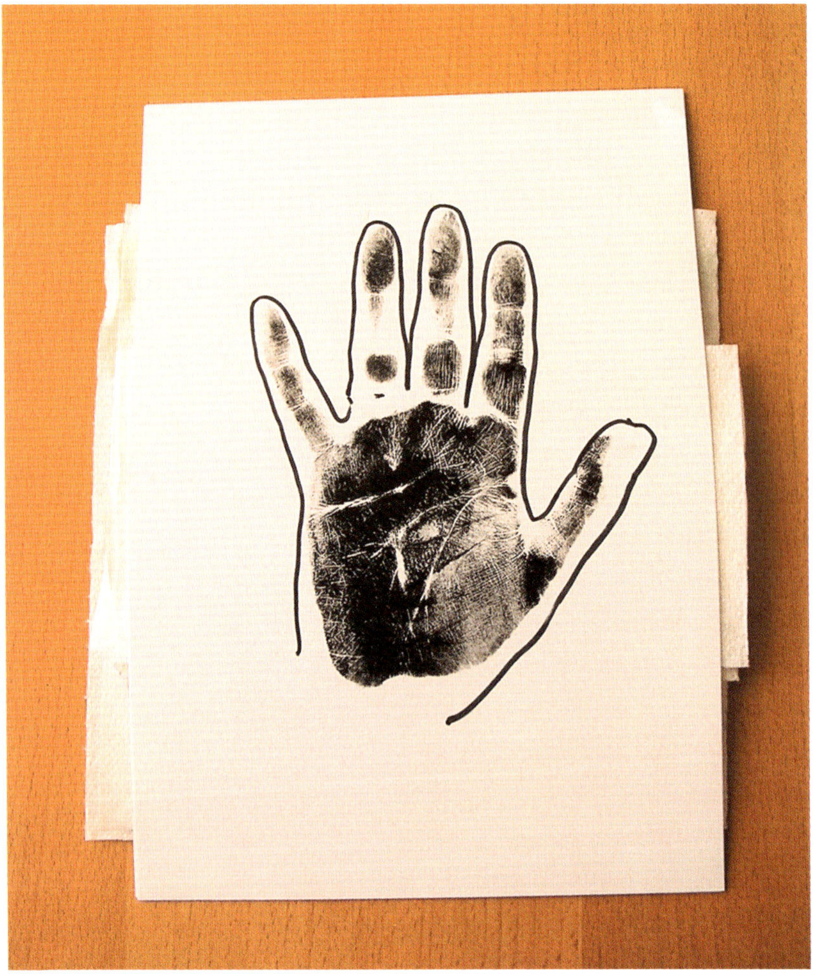

Der vollständige Handabdruck

HÄNDE NICHT FOTOKOPIEREN

Manche Leute versuchen Hände zu fotokopieren, aber das ergibt keinen leserlichen Abdruck. Als ich noch Lebensberatungen gemacht habe, bekam ich oft fotokopierte Abdrücke per Mail. Das war sinnlos und ich konnte nie verstehen, wie der Absender denken konnte, dass ich irgendetwas aus so einem fotokopierten Bild herauslesen könnte.

EIN PAAR LETZTE TIPPS

Es ist immer sinnvoll, das Datum eines Handabdrucks aufzuschreiben, damit Sie sehen können, was sich von Jahr zu Jahr alles verändert hat.

Hier ist ein Tipp für den Fall, wenn Sie keinen Handabdruck machen wollen, sie aber die kleineren Linien nicht klar genug sehen können. Reiben Sie eine kleine Menge Talkumpuder auf die schwer leserlichen Stellen, wie z. B. die Kinderlinie. Sie werden sie nachher genau sehen können.

Lesen Sie bei einer Wohltätigkeitsveranstaltung aus der Hand, dann nehmen Sie eine gute Lampe und ein Verlängerungskabel mit, denn gute Beleuchtung ist sehr wichtig.

Schockieren Sie niemals Leute mit traumatischen Neuigkeiten. Wenn Sie etwas Unangenehmes auf der Hand sehen, versüßen Sie die bittere Pille und halten Sie die Neuigkeiten möglichst gering. Es kann tatsächlich nicht so wichtig sein, da Hände manchmal ein geringes Problem größer aussehen lassen, als es wirklich ist.

Die Fähigkeit, aus der Hand lesen zu können, kann Sie sehr beliebt machen, aber es kann auch zu einer großen Belastung werden, wenn Sie gerade ausgehen und nicht dazu in der Stimmung sind. Manche Menschen sind sehr selbstsüchtig und können extrem beharrlich sein. Ist das so, dann machen Sie einen Termin für einen günstigeren Zeitpunkt – vor allem an einem passenderen Ort – aus! Fremden aus der Hand zu lesen ist die perfekte Übung und wird Ihnen helfen, Ihr Wissen und Ihre Fähigkeit auszubauen.

Ein letzter Punkt: wenn Sie eine Frau sind, laden Sie nie einen Mann zu sich nach Hause oder an einen anderen privaten Ort ein – egal wie sehr er darauf besteht. Gehen Sie in ein Kaffeehaus oder an einen anderen öffentlichen Ort. Leider können andere Sie dabei sehen und Sie werden bald bis ans Ende Ihres Lebens nur mehr Handlesen!

REGISTER